EL ARTE DE AMAR

Nueva Biblioteca Erich Fromm

Títulos publicados:

Erich Fromm

EL ARTE
DE AMAR

Una investigación sobre
la naturaleza del amor

Obra editada en colaboración con Editorial Planeta – España

Título original: *The art of loving,* de Erich Fromm
Publicado en inglés por Harper & Brothers, Nueva York (World Perspective
Series)

Erich Fromm

Traducción del alemán del epílogo biográfico: Bernardo Moreno
Portada: Idee

© Rainer Funk (epílogo biográfico)
© Traducción: Noemí Rosenblatt y Bernardo Moreno

© 1959, Espasa Libros, S.L.U. – Barcelona, España

Derechos reservados

© 1983, 2012, 2015, Ediciones Culturales Paidós, S.A. de C.V.
Bajo el sello editorial PAIDÓS M.R.
Avenida Presidente Masarik núm. 111, Piso 2
Polanco V Sección, Miguel Hidalgo
C.P. 11560, Ciudad de México
www.planetadelibros.com.mx
www.paidos.com.mx

Primera edición impresa en Buenos Aires: 1959
Primera edición en la colección Nueva Biblioteca Erich Fromm: 2007
ISBN: 978-84-493-1999-0

Primera edición impresa en México: 1983
Primera edición impresa en México en esta presentación: agosto 2015
Vigésima reimpresión en México en esta presentación: diciembre de 2022
ISBN: 978-607-747-024-3

Impreso en los talleres de Impregráfica Digital, S.A. de C.V.
Av. Coyoacán 100-D, Valle Norte, Benito Juárez
Ciudad De Mexico, C.P. 03103
Impreso y hecho en México – *Printed and made in Mexico*

SUMARIO

PREFACIO

La lectura de este libro defraudará a quien espere fáciles enseñanzas en el arte de amar. Por el contrario, la finalidad del libro es demostrar que el amor no es un sentimiento fácil para nadie, sea cual fuere el grado de madurez alcanzado. Su finalidad es convencer al lector de que todos sus intentos de amar están condenados al fracaso, a menos que procure, del modo más activo, desarrollar su personalidad total, en forma de alcanzar una orientación productiva; y de que la satisfacción en el amor individual no puede lograrse sin la capacidad de amar al prójimo, sin humildad, coraje, fe y disciplina. En una cultura en la cual esas cualidades son raras, también ha de ser rara la capacidad de amar. Quien no lo crea, que se pregunte a sí mismo a cuántas personas verdaderamente capaces de amar ha conocido.

Pero la dificultad de la empresa no debe inducir a que se abstenga uno de tratar de conocer las dificultades y las condiciones de su consecución. A fin de evitar complicaciones innecesarias he procurado tratar el problema, en la mayor medida posible, en un lenguaje no técnico. Por la misma razón he hecho la menor cantidad de referencias a los estudios sobre el amor.

Otro problema que no pude resolver en forma enteramente satisfactoria fue el de evitar la repetición de ideas expuestas en algunos de mis libros anteriores.

En particular, es el lector familiarizado con *El miedo a la libertad*, *Ética y psicoanálisis* y *Psicoanálisis de la sociedad contemporánea* quien encontrará en el presente libro muchas ideas expresadas ya en aquellos. Sin embargo, *El arte de amar* en modo alguno es una recapitulación. Presenta muchas ideas más allá de las anteriormente expresadas, y, como es natural, también las viejas adquieren a veces perspectivas nuevas por el hecho de centrarse alrededor de un tema, el del arte de amar.

ERICH FROMM

Quien no conoce nada, no ama nada. Quien no puede hacer nada, no comprende nada. Quien nada comprende, nada vale. Pero quien comprende también ama, observa, ve... Cuanto mayor es el conocimiento inherente a una cosa, más grande es el amor... Quien cree que todas las frutas maduran al mismo tiempo que las fresas nada sabe acerca de las uvas.

PARACELSO

Capítulo 1

¿ES EL AMOR UN ARTE?

¿Es el amor un arte? En tal caso, requiere conocimiento y esfuerzo. ¿O es el amor una sensación placentera, cuya experiencia es una cuestión de azar, algo con lo que uno «tropieza» si tiene suerte? Este libro se basa en la primera premisa, si bien es indudable que la mayoría de la gente de hoy cree en la segunda.

No se trata de que la gente piense que el amor carece de importancia. En realidad, todos están sedientos de amor; ven innumerables películas basadas en historias de amor felices y desgraciadas, escuchan centenares de canciones triviales que hablan del amor y, sin embargo, casi nadie piensa que hay algo que aprender acerca del amor.

Esa peculiar actitud se basa en varias premisas que, individualmente o combinadas, tienden a sustentarla. Para la mayoría de la gente, el problema del amor consiste fundamentalmente en *ser amado*, y no en *amar*, no en la propia capacidad de amar. De ahí que para ellos el problema sea cómo lograr que se los ame, cómo ser dignos de amor. Para alcanzar ese objetivo, siguen varios caminos. Uno de ellos, utilizado en especial por los hombres, es tener éxito, ser tan poderoso y rico como lo permita el margen social de la propia posición. Otro, usado particularmente por las mujeres, consiste en ser atractivas, por medio del cuidado del cuerpo, la ropa, etc. Existen otras formas de hacerse atractivo, que utilizan tanto los hombres como las mujeres, tales como tener modales agradables y conversación interesante, ser útil, modesto, inofensivo. Muchas de las formas de hacerse querer son iguales a las que se utilizan para alcanzar el éxito, para «ganar amigos e influir sobre la gente». En realidad, lo que para la mayoría de la gente de nuestra cultura equivale a digno de ser amado es, en esencia, una mezcla de popularidad y *sex-appeal*.

La segunda premisa que sustenta la actitud de que no hay nada que aprender sobre el amor, es la suposición de que el problema del amor es el de un *objeto* y no de una *facultad*. La gente cree que *amar* es sencillo y lo difícil encontrar un objeto apropiado para amar —o para ser amado por él—. Tal actitud tiene varias causas, arraigadas en el desarrollo de la sociedad moderna. Una de ellas es la profunda transformación que se produjo en el siglo xx con respecto a la elección del «objeto amoroso». En la era victoriana, así como en muchas culturas tradicionales, el amor no era generalmente una experiencia personal espontánea que podía llevar al matrimonio. Por el contrario, el matrimonio se efectuaba por un convenio —entre las respectivas familias o por medio de un agente matrimonial, o también sin la ayuda de tales intermediarios; se realizaba sobre la base de consideraciones sociales, partiendo de la premisa de que el amor surgiría después de concertado el matrimonio—. En las últimas generaciones el concepto de amor romántico se ha hecho casi universal en el mundo occidental. En Estados Unidos de Norteamérica, si bien no faltan consideraciones de índole convencional, la mayoría de la gente aspira a encontrar un «amor romántico», a tener una experiencia personal del amor que lleve luego al matrimonio. Ese nuevo concepto de la libertad en el amor debe haber acrecentado enormemente la importancia del *objeto* frente a la de la *función*.

Hay en la cultura contemporánea otro rasgo característico, estrechamente vinculado con ese factor. Toda nuestra cultura está basada en el deseo de comprar, en la idea de un intercambio mutuamente favorable. La felicidad del hombre moderno consiste en la excitación de contemplar los escaparates de los negocios, y en comprar todo lo que pueda, ya sea al contado o a plazos. El hombre (o la mujer) considera a la gente en una forma similar. Una mujer o un hombre atractivos son los premios que se quiere conseguir. «Atractivo» significa habitualmente un buen conjunto de cualidades que son populares y por las cuales hay demanda en el mercado de la personalidad. Las características específicas que hacen atractiva a una persona dependen de la moda de la época, tanto física como mentalmente. Durante los años que siguieron a la Primera Guerra Mundial, una joven que bebía y fumaba, emprendedora y sexualmente provocadora, resultaba atractiva; hoy en día la moda exige más domesticidad y recato. A fines del siglo XIX y comienzos de este, un hombre debía ser agresivo y ambicioso —hoy tiene que ser sociable y tolerante— para resultar atractivo. De cualquier manera, la sensación de enamorarse solo se desarrolla con respecto a las mercaderías humanas que están dentro de nuestras posibilidades de intercambio. Quiero hacer un buen negocio; el objeto debe ser deseable desde el punto de vista de su valor social y, al mismo tiempo, debo resultarle deseable, teniendo en cuenta mis valores y potencialidades manifiestas y ocultas. De ese modo, dos personas se enamoran cuando sienten que han encontrado el mejor objeto disponible en el mercado, dentro de los límites impuestos por sus propios valores de intercambio. Lo mismo que cuando se compran bienes raíces, suele ocurrir que las potencialidades ocultas susceptibles de desarrollo desempeñan un papel de considerable importancia en tal transacción. En una cultura en la que prevalece la orientación mercantil y en la que el éxito material constituye el valor predominante, no hay en realidad motivos para sorprenderse de que las relaciones amorosas humanas sigan el mismo esquema de intercambio que gobierna el mercado de bienes y de trabajo.

El tercer error que lleva a suponer que no hay nada que aprender sobre el amor, radica en la confusión entre la experiencia inicial del «enamorarse» y la situación permanente de «estar» enamorado o, mejor dicho, de «permanecer» enamorado. Si dos personas que son desconocidas la una para la otra, como lo somos todos, dejan caer de pronto la barrera que las separa, y se sienten cercanas, se sienten uno, ese momento de unidad constituye uno de los más estimulantes y excitantes de la vida. Y resulta aún más maravilloso y milagroso para aquellas personas que han vivido encerradas, aisladas, sin amor. Ese milagro de súbita intimidad suele verse facilitado si se combina o inicia con la atracción sexual y su consumación. Sin embargo, tal tipo de amor es, por su misma naturaleza, poco duradero. Las dos personas llegan a conocerse bien, su intimidad pierde cada vez más su carácter milagroso, hasta que su antagonismo, sus desilusiones, su aburrimiento mutuo terminan por matar lo que pueda quedar de la excitación inicial. No obstante, al comienzo no saben todo esto: en realidad, consideran la intensidad del apasionamiento, ese estar «locos» el uno por el otro, como una prueba de la intensidad de su amor, cuando solo muestra el grado de su soledad anterior.

Esa actitud —que no hay nada más fácil que amar— sigue siendo la idea prevaleciente sobre el amor, a pesar de las abrumadoras pruebas de lo contrario. Prácticamente no existe ninguna otra actividad o empresa que se inicie con tan tremendas esperanzas y expectativas, y que, no obstante, fracase tan a menudo como el amor. Si ello ocurriera con cualquier otra actividad, la gente estaría ansiosa por co-

nocer los motivos del fracaso y por corregir sus erro-
res —o renunciaría a la actividad—. Puesto que lo último es imposible en el caso del amor, solo parece
haber una forma adecuada de superar el fracaso del
amor, y es examinar las causas de tal fracaso y estudiar el significado del amor.

El primer paso que debe darse es tomar conciencia de que *el amor es un arte*, tal como es un arte el vivir. Si deseamos aprender a amar, debemos proceder
en la misma forma en que lo haríamos si quisiéramos
aprender cualquier otro arte, música, pintura, carpintería o el arte de la medicina o la ingeniería.

¿Cuáles son los pasos necesarios para aprender
cualquier arte?

El proceso de aprender un arte puede dividirse
convenientemente en dos partes: una, el dominio de
la teoría; la otra, el dominio de la práctica. Si quiero
aprender el arte de la medicina, primero debo conocer
los hechos relativos al cuerpo humano y a las diversas
enfermedades. Una vez adquirido todo ese conocimiento teórico, aún no soy en modo alguno competen-
te en el arte de la medicina. Solo llegaré a dominarlo
después de mucha práctica, hasta que finalmente los
resultados de mi conocimiento teórico y los de mi
práctica se fundan en uno, mi intuición, que es la
esencia del dominio de cualquier arte. Pero aparte del
aprendizaje de la teoría y la práctica, un tercer factor
es necesario para llegar a dominar cualquier arte —el
dominio de ese arte debe ser un asunto de fundamental importancia; nada en el mundo debe ser más

importante que el arte. Esto es válido para la música, la medicina, la carpintería y el amor—. Y quizá radique ahí el motivo de que la gente de nuestra cultura, a pesar de sus evidentes fracasos, solo en tan contadas ocasiones trata de aprender ese arte. No obstante el profundo anhelo de amor, casi todo lo demás tiene más importancia que el amor: éxito, prestigio, dinero, poder; dedicamos casi toda nuestra energía a descubrir la forma de alcanzar esos objetivos y muy poca a aprender el arte del amor.

¿Sucede acaso que solo se consideran dignas de ser aprendidas las cosas que pueden proporcionarnos dinero o prestigio, y que el amor, que «solo» beneficia al alma, pero que no proporciona ventajas en el sentido moderno, sea un lujo por el cual no tenemos derecho a gastar muchas energías? Sea como fuere, este estudio ha de referirse al arte de amar en el sentido de las divisiones antes mencionadas: primero, examinaré la teoría del amor —lo cual abarcará la mayor parte del libro—, y luego analizaré la práctica del amor, si bien es muy poco lo que puede *decirse* sobre la práctica de este como en cualquier otro campo.

Capítulo 2

LA TEORÍA DEL AMOR

1. El amor, la respuesta al problema
   de la existencia humana

   Cualquier teoría del amor debe comenzar con una teoría del hombre, de la existencia humana. Si bien encontramos amor, o más bien, el equivalente del amor, en los animales, sus afectos constituyen fundamentalmente una parte de su equipo instintivo, del que solo algunos restos operan en el hombre. Lo esencial en la existencia del hombre es el hecho de que ha emergido del reino animal, de la adaptación instintiva, de que ha trascendido la naturaleza —si bien jamás la abandona y siempre forma parte de ella— y, sin embargo, una vez que se ha arrancado de la naturaleza, ya no puede retornar a ella, una vez arrojado del paraíso —un estado de unidad original con la naturaleza— querubines con espadas flameantes le impiden el paso si trata de regresar. El hombre solamente puede ir hacia adelante desarrollando su razón, encontrando una nueva armonía humana en reemplazo de la prehumana que está irremediablemente perdida.

Cuando el hombre nace, tanto la raza humana como el individuo, se ve arrojado de una situación definida, tan definida como los instintos, hacia una situación indefinida, incierta, abierta. Únicamente existe certeza con respecto al pasado, y con respecto al futuro, la certeza de la muerte.

El hombre está dotado de razón, es *vida consciente de sí misma*; tiene conciencia de sí mismo, de sus semejantes, de su pasado y de las posibilidades de su futuro. Esa conciencia de sí mismo como una entidad separada, la conciencia de su breve lapso de vida, del hecho de que nace sin que intervenga su voluntad y ha de morir contra su voluntad, de que morirá antes que los que ama, o estos antes que él, la conciencia de su soledad y su «separatidad»,* de su desvalidez frente a las fuerzas de la naturaleza y de la sociedad, todo ello hace de su existencia separada y desunida una insoportable prisión. Se volvería loco si no pudiera liberarse de su prisión y extender la mano para unirse en una u otra forma con los demás hombres, con el mundo exterior.

La vivencia de la separatidad provoca angustia; es, por cierto, la fuente de toda angustia. Estar separado significa estar aislado, sin posibilidad alguna para utilizar mis poderes humanos. De ahí que estar separado signifique estar desvalido, ser incapaz de aferrar el mundo —las cosas y las personas— activamente; significa que el mundo puede invadirme sin

---

* O estado de separación. En inglés: *separateness*. (*N. del t.*).

que yo pueda reaccionar. Así pues, la separatidad es la fuente de una intensa angustia. Por otra parte, produce vergüenza y un sentimiento de culpa. El relato bíblico de Adán y Eva expresa esa experiencia de culpa y vergüenza en la separatidad. Después de haber comido Adán y Eva del fruto del «árbol del conocimiento del bien y del mal», después de haber desobedecido (el bien y el mal no existen si no hay libertad para desobedecer), después de haberse vuelto humanos al emanciparse de la originaria armonía animal con la naturaleza, es decir, después de su nacimiento como seres humanos, vieron «que estaban desnudos y tuvieron vergüenza». ¿Debemos suponer que un mito tan antiguo y elemental como ese comparte la mojigatería del enfoque moralista del siglo XIX, y que el punto importante que el relato quiere transmitirnos es la turbación de Adán y Eva porque sus genitales eran visibles? Es muy difícil que así sea, y si interpretamos el relato con un espíritu victoriano, pasamos por alto el punto principal, que parece ser el siguiente: después de que hombre y mujer se hicieron conscientes de sí mismos y del otro, tuvieron conciencia de su separatidad, y de la diferencia entre ambos, en la medida en que pertenecían a sexos distintos. Pero, al reconocer su separatidad, siguen siendo desconocidos el uno para el otro, porque aún no han aprendido a amarse (como lo demuestra el hecho de que Adán se defiende, acusando a Eva, en lugar de tratar de defenderla). *La conciencia de la separación humana —sin la reunión por el amor— es la fuente de la vergüenza. Es, al mismo tiempo, la fuente de la culpa y la angustia.*

La necesidad más profunda del hombre es, entonces, la necesidad de superar su separatidad, de abandonar la prisión de su soledad. El fracaso *absoluto* en el logro de tal finalidad significa la locura, porque el pánico del aislamiento total solo puede vencerse por medio de un retraimiento tan radical del mundo exterior que el sentimiento de separación se desvanece —porque el mundo exterior, del cual se está separado, ha desaparecido.

El hombre —de todas las edades y culturas— enfrenta la solución de un problema que es siempre el mismo: el problema de cómo superar la separatidad, cómo lograr la unión, cómo trascender la propia vida individual y encontrar compensación. El problema es el mismo para el hombre primitivo que habita en cavernas, el nómada que cuida de sus rebaños, el pastor egipcio, el mercader fenicio, el soldado romano, el monje medieval, el samurái japonés, el empleado y el obrero modernos. El problema es el mismo, puesto que surge del mismo terreno: la situación humana, las condiciones de la existencia humana. La respuesta varía. La solución se puede alcanzar por medio de la adoración de animales, del sacrificio humano o las conquistas militares, por la complacencia en la lujuria, el renunciamiento ascético, el trabajo obsesivo, la creación artística, el amor a Dios y el amor al Hombre. Y si bien las respuestas son muchas —su crónica constituye la historia humana— no son, empero, innumerables. Por el contrario, en cuanto se dejan de lado las diferencias menores, que corresponden más a la periferia que al centro, se descubre que el hombre solo ha dado un número limitado de respuestas, y que no pudo haber dado más, en las diversas culturas en que vivió. La historia de la religión y de la filosofía es la historia de esas respuestas, de su diversidad, así como de su limitación en cuanto al número.

Las respuestas dependen, en cierta medida, del grado de individualización alcanzado por el individuo. En el infante, la yoidad se ha desarrollado apenas; él aún se siente uno con su madre, no experimenta el sentimiento de separatidad mientras su madre está presente. Su sensación de soledad es creada por la presencia física de la madre, sus pechos, su piel. Solo en el grado en que el niño desarrolla su sensación de separatidad e individualidad, la presencia física de la madre deja de ser suficiente y surge la necesidad de superar de otras maneras la separatidad.

De manera similar, la raza humana, en su infancia, se siente una con la naturaleza. El suelo, los animales, las plantas, constituyen aún el mundo del hombre, quien se identifica con los animales, como lo expresa el uso que hace de máscaras animales, la adoración de un animal totémico o de dioses animales. Pero cuanto más se libera la raza humana de tales vínculos primarios, más intensa se torna la necesidad de encontrar nuevas formas de escapar del estado de separación.

Una forma de alcanzar tal objetivo consiste en diversas clases de *estados orgiásticos*. Estos pueden tener la forma de un trance autoinducido, a veces, con la ayuda de drogas. Muchos rituales de tribus primitivas ofrecen un vívido cuadro de ese tipo de solución. En un estado transitorio de exaltación, el mundo exterior desaparece, y con él el sentimiento de separatidad con respecto al mismo. Puesto que tales rituales se practican en común, se agrega una experiencia de fusión con el grupo que hace aún más efectiva esa solución. En estrecha relación con la solución orgiástica, y frecuentemente unida a ella, está la experiencia sexual. El orgasmo sexual puede producir un estado similar al provocado por un trance o a los efectos de ciertas drogas. Los ritos de orgías sexuales comunales formaban parte de muchos rituales primitivos. Según parece, el hombre puede seguir durante cierto tiempo, después de la experiencia orgiástica, sin sufrir demasiado a causa de su separatidad. Lentamente, la tensión de la angustia comienza a aumentar, y disminuye otra vez por medio de la repetición del ritual.

Mientras tales estados orgiásticos constituyen una práctica común en una tribu, no producen angustia o culpa. Participar en ellos es correcto, e incluso es virtuoso, puesto que constituyen una forma compartida por todos, aprobada y exigida por los médicos brujos o los sacerdotes; de ahí que no existan motivos para sentirse culpable o avergonzado. La situación es enteramente distinta cuando un individuo elige esa solución en una cultura que ha dejado atrás tales prácticas comunes. En una cultura no orgiástica, el alcohol y las drogas son los medios a su disposición. En contraste con los que participan en la solución socialmente aceptada, tales individuos experimentan sentimientos de culpa y remordimiento. Tratan de escapar de la separatidad refugiándose en el alcohol o las drogas; pero cuando la experiencia orgiástica concluye, se sienten más separados aún, y ello los impulsa a recurrir a tal experiencia con frecuencia e intensidad crecientes. La solución orgiástica sexual presenta leves diferencias. En cierta medida, constituye una forma natural y normal de superar la separatidad, y una solución parcial al problema del aislamiento. Pero en muchos individuos que no pueden aliviar de otras maneras el estado de separación, la búsqueda del orgasmo sexual asume un carácter que lo asemeja bastante al alcoholismo o la afición a las drogas. Se convierte en un desesperado intento de escapar a la angustia que engendra la separatidad y provoca una sensación cada vez mayor de separación, puesto que el acto sexual sin amor nunca elimina el abismo que existe entre dos seres humanos, excepto en forma momentánea.

Todas las formas de unión orgiástica tienen tres características: son intensas, incluso violentas; ocurren en la personalidad total, mente y cuerpo; son transitorias y periódicas. Exactamente lo contrario ocurre en esa forma de unión que está lejos de ser la solución que con mayor frecuencia eligió el hombre en el pasado y en el presente: la unión basada en la *conformidad* con el grupo, sus costumbres, prácticas y creencias. Volvemos a encontrar aquí una evolución considerable.

En una sociedad primitiva el grupo es pequeño; está integrado por aquellos que comparten la sangre y el suelo. Con el desarrollo creciente de la cultura, el grupo se extiende; se convierte en la ciudadanía de una *polis*, de un gran Estado, los miembros de una Iglesia. Hasta el romano indigente se sentía orgulloso de poder decir *civis romanus sum*; Roma y el Imperio eran su familia, su hogar, su mundo. También en la sociedad occidental contemporánea la unión con el grupo es la forma predominante de superar el estado de separación. Se trata de una unión en la que el ser individual desaparece en gran medida, y cuya finalidad es la pertenencia al rebaño. Si soy como todos los demás, si no tengo sentimientos o pensamientos que me hagan diferente, si me adapto en las costumbres, las ropas, las ideas, al patrón del grupo, estoy salvado; salvado de la temible experiencia de la soledad. Los sistemas dictatoriales utilizan amenazas y el terror para inducir esta conformidad; los países democráticos, la sugestión y la propaganda. Indudablemente, hay una gran diferencia entre los dos sistemas. En las democracias, la no conformidad es posible y, en realidad, no está totalmente ausente; en los sistemas totalitarios, solo unos pocos héroes y mártires insólitos se niegan a obedecer. Pero, a pesar de esa diferencia, las sociedades democráticas muestran un abrumador grado de conformidad. La razón radica en el hecho de que *debe* existir una respuesta a la búsqueda de unión y, a falta de una distinta o mejor, la conformidad con el rebaño se convierte en la forma predominante. El poder del miedo a ser diferente, a estar solo unos pocos pasos alejado del rebaño, resulta evidente si se piensa cuán profunda es la necesidad de no estar separado. A veces el temor a la no conformidad se racionaliza como miedo a los peligros prácticos que podrían amenazar al rebelde. Pero en realidad la gente quiere someterse en un grado mucho más alto de lo que está *obligada* a hacerlo, por lo menos en las democracias occidentales.

La mayoría de la gente ni siquiera tiene conciencia de su necesidad de conformismo. Viven con la ilusión de que son individualistas, de que han llegado a determinadas conclusiones como resultado de sus propios pensamientos —y que simplemente sucede que sus ideas son iguales que las de la mayoría—. El consenso de todos sirve como prueba de la corrección de «sus» ideas. Puesto que aún tienen necesidad de sentir alguna individualidad, tal necesidad se satisface en lo relativo a diferencias menores; las iniciales en la cartera o en la camisa, la afiliación al Partido Demócrata en lugar del Republicano, a los Elks en vez de los Shriners, se convierte en la expresión de las diferencias individuales. El lema publicitario «es distinto» nos demuestra esa patética necesidad de diferencia, cuando, en realidad, casi no existe ninguna.

Esa creciente tendencia a eliminar las diferencias se relaciona estrechamente con el concepto y la experiencia de igualdad, tal como se está desarrollando en las sociedades industriales más avanzadas. En un contexto religioso, «igualdad» significó que todos somos hijos de Dios, que todos compartimos la misma sustancia humano-divina, que todos somos uno. Significaba también que deben respetarse las diferencias entre los individuos, que, si bien es cierto que todos somos uno, también lo es que cada uno de nosotros constituye una entidad única, un cosmos en sí mismo. Tal convicción acerca de la unicidad del individuo se expresa, por ejemplo, en la sentencia talmúdica: «Quien salva una sola vida, es como si hubiera salvado a todo el mundo; quien destruye una sola vida, es como si hubiera destruido a todo el mundo». La igualdad como una condición para el desarrollo de la individualidad fue, asimismo, el significado de este concepto en la filosofía del iluminismo occidental. Denotaba (como lo formuló muy claramente Kant) que ningún hombre debe ser un medio para que otro hombre realice sus fines. Que todos los hombres son iguales en la medida en que son finalidades, y solo finalidades, y nunca medios los unos para los otros. Continuando las ideas del iluminismo, los pensadores socialistas de diversas escuelas definieron la igualdad como la abolición de la explotación, del uso del hombre por el hombre, fuera ese uso cruel o «humanitario».

En la sociedad capitalista contemporánea, el significado del término igualdad se ha transformado. Por él se entiende la igualdad de los autómatas, de hombres que han perdido su individualidad. *Hoy en*

día, igualdad significa «identidad» antes que «unidad».
Es la identidad de las abstracciones, de los hombres
que trabajan en los mismos empleos, que tienen idénticas diversiones, que leen los mismos periódicos,
que tienen idénticos pensamientos e ideas. En este
sentido, también deben recibirse con cierto escepti-
cismo algunas conquistas generalmente celebradas
como signos de progreso, tales como la igualdad de
las mujeres. Me parece innecesario aclarar que no estoy
en contra de tal igualdad; pero los aspectos positivos
de esa tendencia a la igualdad no deben engañarnos.
Forman parte del movimiento hacia la eliminación
de las diferencias. Tal es el precio que se paga por la
igualdad: las mujeres son iguales porque ya no son
diferentes. La proposición de la filosofía del iluminismo, *l'âme n'a pas de sexe*, el alma no tiene sexo, se
ha convertido en práctica general. La polaridad de
los sexos está desapareciendo, y con ella el amor erótico, que se basa en dicha polaridad. Hombres y mujeres son *idénticos*, no *iguales* como polos opuestos. La
sociedad contemporánea predica el ideal de la igualdad
no individualizada, porque necesita átomos humanos,
todos idénticos, para hacerlos funcionar en masa, sua-
vemente, sin fricción; todos obedecen las mismas órdenes y, no obstante, todos están convencidos de que
siguen sus propios deseos. Así como la moderna producción en masa requiere la estandarización de los
productos, así el proceso social requiere la estandarización del hombre, y esa estandarización es llamada
«igualdad».

La unión por la conformidad no es intensa y violenta; es calma, dictada por la rutina, y por ello mismo, suele resultar insuficiente para aliviar la angustia de la separatidad. La frecuencia del alcoholismo, la afición a las drogas, la sexualidad compulsiva y el suicidio en la sociedad occidental contemporánea constituyen los síntomas de ese fracaso relativo de la conformidad tipo rebaño. Más aún, tal solución afecta fundamentalmente a la mente, y no al cuerpo, por lo cual es menos efectiva que las soluciones orgiásticas. La conformidad tipo rebaño ofrece tan solo una ventaja: es permanente, y no espasmódica. El individuo es introducido en el patrón de conformidad a la edad de tres o cuatro años, y a partir de ese momento, nunca pierde el contacto con el rebaño. Aun su funeral, que él anticipa como su última actividad social importante, está estrictamente de acuerdo con el patrón.

Además de la conformidad como forma de aliviar la angustia que surge de la separatidad, debemos considerar otro factor de la vida contemporánea: el papel de la rutina en el trabajo y en el placer. El hombre se convierte en «ocho horas de trabajo», forma parte de la fuerza laboral, de la fuerza burocrática de empleados y empresarios. Tiene muy poca iniciativa, sus tareas están prescritas por la organización del trabajo; incluso hay muy poca diferencia entre los que están en los peldaños inferiores de la escala y los que han llegado más arriba. Aun los sentimientos están prescritos: alegría, tolerancia, responsabilidad, ambición y habilidad para llevarse bien con todo el mundo sin inconvenientes. Las diversiones están rutinizadas en forma similar, aunque no tan drástica. Los clubes de libro seleccionan el material de lectura; los dueños de cinematógrafos y salas de espectáculos, las películas, y pagan, además, la propaganda respectiva; el resto también es uniforme: el paseo en coche del domingo, la sesión de televisión, la partida de naipes, las reuniones sociales. Desde el nacimiento hasta la muerte, de lunes a lunes, de la mañana a la noche: todas las actividades están rutinizadas y prefabricadas. ¿Cómo puede un hombre preso en esa red de actividades rutinarias recordar que es un hombre, un individuo único, al que solo le ha sido otorgada una única oportunidad de vivir, con esperanzas y desilusiones, con dolor y temor, con el anhelo de amar y el miedo a la nada y a la separatidad?

Una tercera manera de lograr la unión reside en la *actividad creadora*, sea la del artista o la del artesano. En cualquier tipo de tarea creadora, la persona que crea se une con su material, que representa el mundo exterior a él. Sea un carpintero que construye una mesa, un joyero que fabrica una joya, el campesino que siembra el trigo o el pintor que pinta una tela, en todos los tipos de trabajo creador el individuo y su objeto se tornan uno, el hombre se une al mundo en el proceso de creación. Esto, sin embargo, solo es válido para el trabajo productivo, para la tarea en la que *yo* planeo, produzco, veo el resultado de mi labor. Actualmente en el proceso de trabajo de un empleado o un obrero en la interminable cadena, poco queda de esa cualidad unificadora del trabajo. El trabajador se convierte en un apéndice de la máquina o de la organización burocrática. Ha dejado de ser él, y por eso mismo no se produce ninguna unión aparte de la que se logra por medio de la conformidad.

La unidad alcanzada por medio del trabajo productivo no es interpersonal; la que se logra en la fusión orgiástica es transitoria; la proporcionada por la conformidad es solo pseudounidad. Por lo tanto, constituyen meras respuestas parciales al problema de la existencia. La solución plena está en el logro de la unión interpersonal, la fusión con otra persona, en el *amor*.

Ese deseo de fusión interpersonal es el impulso más poderoso que existe en el hombre. Constituye su pasión más fundamental, la fuerza que sostiene a la raza humana, al clan, a la familia y a la sociedad. La incapacidad para alcanzarlo significa insania o destrucción —de sí mismo o de los demás—. Sin amor, la humanidad no podría existir un día más. Sin embargo, si llamamos «amor» al logro de la unión interpersonal, nos vemos frente a una seria dificultad. La fusión puede lograrse en distintas formas —y las diferencias no son menos significativas que lo que tienen de común las diversas formas del amor—. ¿Deberíamos llamar «amor» a todas ellas? ¿O tendríamos que reservar la palabra «amor» únicamente para una forma específica de unión, una forma que ha sido la virtud ideal de todas las grandes religiones y sistemas filosóficos humanísticos en los cuatro mil años de historia occidental y oriental?

Como ocurre con todas las dificultades semánticas, la respuesta solo puede ser arbitraria. Lo importante es que sepamos a qué clase de unión nos referimos cuando hablamos de amor. ¿Trátase del amor como solución madura al problema de la existencia, o nos referimos a esas formas inmaduras de amar que podríamos llamar *unión simbiótica*? En los pasajes siguientes solo usaré el término «amor» para designar la primera alternativa. Comenzaré el examen del «amor» con la segunda.

La *unión simbiótica* tiene su patrón biológico en la relación entre la madre embarazada y el feto. Son dos y, sin embargo, uno solo. Viven «juntos» (*symbiosis*), se necesitan mutuamente. El feto es parte de la madre y recibe de ella cuanto necesita; la madre es su mundo, por así decirlo; lo alimenta, lo protege, pero también su propia vida se ve realzada por él. En la unión simbiótica *psíquica*, los dos cuerpos son independientes, pero psicológicamente existe el mismo tipo de relación.

La forma *pasiva* de la unión simbiótica es la *sumisión* o, para usar un término clínico, el *masoquismo*. La persona masoquista escapa del intolerable sentimiento de aislamiento y separatidad convirtiéndose en una parte de otra persona que la dirige, la guía, la protege, que es su vida y el aire que respira, por así decirlo. Se exagera el poder de aquel al que uno se somete, se trate de una persona o de un dios; él es todo, yo soy nada, salvo en la medida en que formo parte de él. Como tal, comparto su grandeza, su poder, su seguridad. La persona masoquista no tiene que tomar decisiones, ni correr riesgos; nunca está sola, pero no es independiente; carece de integridad; no ha nacido aún totalmente. En un contexto religioso, el objeto de la adoración recibe el nombre de ídolo; en el contexto secular de la relación amorosa masoquista, el mecanismo esencial, de idolatría, es el mismo. La relación masoquista puede estar mezclada con deseo físico, sexual; en tal caso, trátase de una sumisión de la que no solo participa la mente, sino todo el cuerpo. Puede ser una sumisión masoquista ante el destino, la enfermedad, la música rítmica, el estado orgiástico producido por drogas o por un trance hipnótico; en todos los casos la persona renuncia a su integridad, se convierte en un instrumento de alguien o algo exterior a él; no necesita resolver el problema de la existencia por medio de la actividad productiva.

La forma *activa* de la fusión simbiótica es la dominación o, para utilizar el término correspondiente a masoquismo, el *sadismo*. La persona sádica quiere escapar de su soledad y de su sensación de estar aprisionada haciendo de otro individuo una parte de sí misma. Se siente acrecentada y realzada incorporando a otra persona, que la adora.

La persona sádica es tan dependiente de la sumisa como esta de aquella; ninguna de las dos puede vivir sin la otra. La diferencia solo radica en que la persona sádica domina, explota, lastima y humilla, y la masoquista es dominada, explotada, lastimada y humillada. En un sentido realista, la diferencia es considerable; en un sentido emocional profundo, la diferencia no es mayor que lo que ambas tienen en común: la fusión sin integridad. Desde ese punto de vista, tampoco es sorprendente encontrar que, por lo general, una persona reacciona tanto en forma sádica como masoquista, habitualmente con respecto a objetos diferentes. Hitler reaccionaba sádicamente frente al pueblo, pero con una actitud masoquista hacia el destino, la historia, el «poder superior» de la naturaleza. Su fin —el suicidio en medio de la destrucción general— es tan característico como lo fueron sus sueños de éxito —el dominio total.[1]

En contraste con la unión simbiótica, el *amor* maduro significa *unión a condición de preservar la propia integridad*, la propia individualidad. *El amor es un poder activo en el hombre*; un poder que atraviesa las barreras que separan al hombre de sus semejantes y lo une a los demás; el amor lo capacita para superar su sentimiento de aislamiento y separatidad, y no obstante le permite ser él mismo, mantener su integridad. En el amor se da la paradoja de dos seres que se convierten en uno y, no obstante, siguen siendo dos.

Si decimos que el amor es una actividad, nos vemos frente a una dificultad que reside en el significa-

---

1. Véase un estudio más detallado del sadismo y del masoquismo en E. Fromm, *El miedo a la libertad*, Barcelona, Paidós, 2006.

do ambiguo de la palabra «actividad». En el sentido moderno del término, «actividad» denota una acción que, mediante un gasto de energía, produce un cambio en la situación existente. Así, un hombre es activo si atiende su negocio, estudia medicina, trabaja en una cadena sin fin, construye una mesa, o se dedica a los deportes. Todas esas actividades tienen en común el estar dirigidas hacia una meta exterior. Lo que *no* se tiene en cuenta es la *motivación* de la actividad. Consideremos, por ejemplo, el caso del hombre al que una profunda sensación de inseguridad y soledad impulsa a trabajar incesantemente; o del otro movido por la ambición, o el ansia de riqueza. En todos esos casos, la persona es esclava de una pasión, y, en realidad, su actividad es una «pasividad», puesto que está impulsada; es la que sufre la acción, no la que la realiza. Por otra parte, se considera «pasivo» a un hombre que está sentado, inmóvil y contemplativo, sin otra finalidad o propósito que experimentarse a sí mismo y su unicidad con el mundo, porque no «hace» nada. En realidad, esa actitud de concentrada meditación es la actividad más elevada, una actividad del alma, y solo es posible bajo la condición de libertad e independencia interiores. Uno de los conceptos de actividad, el moderno, se refiere al uso de energía para el logro de fines exteriores; el otro, al uso de los poderes inherentes del hombre, se produzcan o no cambios externos. Spinoza formuló con suma claridad el segundo concepto de actividad, distinguiendo entre afectos activos y pasivos, entre «acciones» y «pasiones». En el ejercicio de un afecto activo, el hombre es libre, es el amo de su afecto; en el afecto pasivo, el hombre se ve impulsado, es objeto de motivaciones de las que no se percata. Spinoza llega de tal modo a afirmar que la virtud y el poder son una y la misma cosa.[2] La envidia, los celos, la ambición, todo tipo de avidez, son pasiones; el amor es una acción, la práctica de un poder humano, que solo puede realizarse en la libertad y jamás como resultado de una compulsión.

El amor es una actividad, no un afecto pasivo; es un «estar continuado», no un «súbito arranque». En el sentido más general, puede describirse el carácter activo del amor afirmando que amar es fundamentalmente *dar*, no recibir.

¿Qué es dar? Por simple que parezca la respuesta, está en realidad plena de ambigüedades y complejidades. El malentendido más común consiste en suponer que dar significa «renunciar» a algo, privarse de algo, sacrificarse. La persona cuyo carácter no se ha desarrollado más allá de la etapa correspondiente a la orientación receptiva, experimenta de esa manera el acto de dar. El carácter mercantil está dispuesto a dar, pero solo a cambio de recibir; para él, dar sin recibir significa una estafa.[3] La gente cuya orientación fundamental no es productiva, vive el dar como

---

2. Spinoza, *Ética* IV, Def. 8.

3. Un examen detallado de esas orientaciones caracterológicas se encontrará en E. Fromm, *Ética y psicoanálisis,* México, Fondo de Cultura Económica, 1957, cap. 3, págs. 70 y ss.

un empobrecimiento, por lo que se niega generalmente a hacerlo. Algunos hacen del dar una virtud, en el sentido de un sacrificio. Sienten que, puesto que es doloroso, se *debe* dar, y creen que la virtud de dar está en el acto mismo de aceptación del sacrificio. Para ellos, la norma de que es mejor dar que recibir significa que es mejor sufrir una privación que experimentar alegría.

Para el carácter productivo, dar posee un significado totalmente distinto: constituye la más alta expresión de potencia. En el acto mismo de dar, experimento mi fuerza, mi riqueza, mi poder. Tal experiencia de vitalidad y potencia exaltadas me llena de dicha. Me experimento a mí mismo como desbordante, pródigo, vivo, y, por tanto, dichoso.[4] Dar produce más felicidad que recibir, no porque sea una privación, sino porque en el acto de dar está la expresión de mi vitalidad.

Si aplicamos ese principio a diversos fenómenos específicos, advertiremos fácilmente su validez.

Encontramos el ejemplo más elemental en la esfera del sexo. La culminación de la función sexual masculina radica en el acto de dar; el hombre se da a sí mismo, da su órgano sexual, a la mujer. En el momento del orgasmo, le da su semen. No puede dejar de darlo si es potente. Si no puede dar, es impotente. El proceso no es diferente en la mujer, si bien algo

---

4. Compárese con la definición de la dicha formulada por Spinoza.

más complejo. También ella se da; permite el acceso al núcleo de su feminidad; en el acto de recibir, ella da. Si es incapaz de ese dar, si solo puede recibir, es frígida. En su caso, el acto de dar vuelve a producirse, no en su función de amante, sino como madre. Ella se da al niño que crece en su interior, le da su leche cuando nace, le da el calor de su cuerpo. No dar le resultaría doloroso.

En la esfera de las cosas materiales, dar significa ser rico. No es rico el que *tiene* mucho, sino el que *da* mucho. El avaro que se preocupa angustiosamente por la posible pérdida de algo es, desde el punto de vista psicológico, un hombre indigente, empobrecido, por mucho que posea. Quien es capaz de dar de sí es rico. Se siente a sí mismo como alguien que puede entregar a los demás algo de sí. Solo un individuo privado de todo lo que está más allá de las necesidades elementales para la subsistencia sería incapaz de gozar con el acto de dar cosas materiales. La experiencia diaria demuestra, empero, que lo que cada persona considera necesidades mínimas depende tanto de su carácter como de sus posesiones reales. Es bien sabido que los pobres están más inclinados a dar que los ricos. No obstante, la pobreza que sobrepasa un cierto límite puede impedir dar, y es, en consecuencia, degradante, no solo a causa del sufrimiento directo que ocasiona, sino porque priva a los pobres de la alegría de dar.

Sin embargo, la esfera más importante del dar no es la de las cosas materiales, sino el dominio de lo específicamente humano. ¿Qué le da una persona a otra? Da de sí misma, de lo más precioso que tiene, de su propia vida. Ello no significa necesariamente que sacrifica su vida por la otra, sino que da lo que está vivo en él —da de su alegría, de su interés, de su comprensión, de su conocimiento, de su humor, de su tristeza—, de todas las expresiones y manifestaciones de lo que está vivo en él. Al dar así de su vida, enriquece a la otra persona, realza el sentimiento de vida de la otra al exaltar el suyo propio. No da con el fin de recibir; dar es de por sí una dicha exquisita. Pero, al dar, no puede dejar de llevar a la vida algo en la otra persona, y eso que nace a la vida se refleja a su vez sobre ella; cuando da verdaderamente, no puede dejar de recibir lo que se le da a cambio. Dar implica hacer de la otra persona un dador, y ambas comparten la alegría de lo que han creado. Algo nace en el acto de dar, y las dos personas involucradas se sienten agradecidas a la vida que nace para ambas. En lo que toca específicamente al amor, eso significa: el amor es un poder que produce amor; la impotencia es la incapacidad de producir amor. Marx ha expresado bellamente este pensamiento: «Supongamos —dice—, al *hombre* como *hombre*, y su relación con el mundo en su aspecto humano, y podremos intercambiar amor solo por amor, confianza por confianza, etc. Si se quiere disfrutar del arte, se debe poseer una formación artística; si se desea tener influencia sobre otra gente, se debe ser capaz de ejercer una influencia estimulante y alentadora sobre la gente. Cada una de nuestras relaciones con el hombre y con la naturaleza debe ser una expresión definida de nuestra vida *real, individual*, correspondiente al objeto de nuestra voluntad. Si amamos sin producir amor, es decir, si nuestro amor como tal no produce amor, si por medio de una *expresión de vida* como personas que amamos, no nos convertimos en *personas amadas*, entonces nuestro amor es impotente, es una desgracia».[5] Pero no solo en lo que atañe al amor dar significa recibir. El maestro aprende de sus alumnos, el auditorio estimula al actor, el paciente cura a su psicoanalista —siempre y cuando no se traten como objetos, sino que estén relacionados entre sí en forma genuina y productiva.

Apenas si es necesario destacar el hecho de que la capacidad de amar como acto de dar depende del desarrollo caracterológico de la persona. Presupone el logro de una orientación predominantemente productiva, en la que la persona ha superado la dependencia, la omnipotencia narcisista, el deseo de explotar a los demás, o de acumular, y ha adquirido fe en sus propios poderes humanos y coraje para confiar en su capacidad para alcanzar el logro de sus fines. En la misma medida en que carece de tales cualidades, tiene miedo de darse y, por tanto, de amar.

Además del elemento de dar, el carácter activo del amor se vuelve evidente en el hecho de que implica

5. «Nationalökonomie und Philosophie», 1844, publicada en Karl Marx, *Die Frühschriften*, Stuttgart, Alfred Kröner Verlag, 1953, págs. 300, 301.

ciertos elementos básicos, comunes a todas las formas del amor. Esos elementos son: *cuidado*, *responsabilidad*, *respeto* y *conocimiento*.

Que el amor implica *cuidado* es especialmente evidente en el amor de una madre por su hijo. Ninguna declaración de amor por su parte nos parecería sincera si viéramos que descuida al niño, si deja de alimentarlo, de bañarlo, de proporcionarle bienestar físico; y creemos en su amor si vemos que cuida al niño. Lo mismo ocurre incluso con el amor a los animales y las flores. Si una mujer nos dijera que ama las flores, y viéramos que se olvida de regarlas, no creeríamos en su «amor» a las flores. El *amor es la preocupación activa por la vida y el crecimiento de lo que amamos*. Cuando falta tal preocupación activa, no hay amor. En el libro de Jonás se describe en forma sumamente bella este elemento del amor. Dios le ha dicho a Jonás que vaya a Nínive para advertir a sus habitantes que serán castigados si no abandonan sus prácticas perversas. Jonás huye de su misión porque teme que la gente de Nínive se arrepienta y que Dios los perdone. Es un hombre con un poderoso sentido del orden y de la ley, pero sin amor. Sin embargo, al tratar de escapar, se encuentra en el vientre de una ballena, que simboliza el estado de aislamiento y reclusión que ha provocado en él su falta de amor y de solidaridad. Dios lo salva, y Jonás va a Nínive. Predica ante los habitantes tal como Dios se lo ha mandado, y ocurre aquello que él tanto temía. Los hombres de Nínive se arrepienten de sus pecados, abandonan sus malos hábitos, y Dios los perdona y decide no destruir la ciudad. Jonás se siente hondamente enojado y apesadumbrado; él quería «justicia», no misericordia. Por fin encuentra cierto consuelo en la sombra de un árbol que Dios ha hecho crecer para protegerlo del sol. Pero cuando Dios hace que el árbol se seque, Jonás se deprime y se queja airadamente a Dios. Dios responde: «Tuviste tú lástima de la calabacera, en la cual no trabajaste, ni tú la hiciste crecer; que en espacio de una noche nació y en espacio de una noche pereció. ¿Y no tendré yo piedad de Nínive, aquella gran ciudad, donde hay más de ciento veinte mil personas que no conocen su mano derecha ni su mano izquierda, y muchos animales?». La respuesta de Dios a Jonás se debe entender simbólicamente. Dios le explica a Jonás que la esencia del amor es «trabajar» por algo y «hacer crecer», que el amor y el trabajo son inseparables. Se ama aquello por lo que se trabaja, y se trabaja por lo que se ama.

El cuidado y la preocupación implican otro aspecto del amor: el de la *responsabilidad*. Hoy en día se suele usar ese término para denotar un deber, algo impuesto desde el exterior. Pero la responsabilidad, en su verdadero sentido, es un acto enteramente voluntario, constituye mi respuesta a las necesidades, expresadas o no, de otro ser humano. Ser «responsable» significa estar listo y dispuesto a «responder». Jonás no se sentía responsable ante los habitantes de Nínive. Él, como Caín, podía preguntar: «¿Soy yo el guardián de mi hermano?». La persona que ama, responde. La vida de su hermano no es solo asunto de su hermano, sino propio. Se siente tan responsable por sus semejantes como por sí mismo. Tal responsabilidad, en el caso de la madre y su hijo, atañe principalmente al cuidado de las necesidades físicas. En el amor entre adultos, a las necesidades psíquicas de la otra persona.

La responsabilidad podría degenerar fácilmente en dominación y posesividad, si no fuera por un tercer componente del amor, el *respeto*. Respeto no significa temor y sumisa reverencia; denota, de acuerdo con la raíz de la palabra (*respicere* = mirar), la capacidad de ver a una persona tal cual es, tener conciencia de su individualidad única. Respetar significa preocuparse por que la otra persona crezca y se desarrolle tal como es. De ese modo, el respeto implica la ausencia de explotación. Quiero que la persona amada crezca y se desarrolle por sí misma, en la forma que le es propia, y no para servirme. Si amo a la otra persona, me siento uno con ella, pero con ella tal cual es, no como yo necesito que sea, como un objeto para mi uso. Es obvio que el respeto solo es posible si yo he alcanzado independencia; si puedo caminar sin muletas, sin tener que dominar ni explotar a nadie. El respeto solo existe sobre la base de la libertad: «*l'amour est l'enfant de la liberté*», dice una vieja canción francesa; el amor es hijo de la libertad, nunca de la dominación.

Respetar a una persona sin *conocerla*, no es posible; el cuidado y la responsabilidad serían ciegos si

no los guiara el conocimiento. El conocimiento sería
vacío si no lo motivara la preocupación. Hay muchos
niveles de conocimiento; el que constituye un aspecto del amor no se detiene en la periferia, sino que penetra hasta el meollo. Solo es posible cuando puedo
trascender la preocupación por mí mismo y ver a la
otra persona en sus propios términos. Puedo saber,
por ejemplo, que una persona está encolerizada, aunque no lo demuestre abiertamente; pero puedo llegar
a conocerla más profundamente aún; sé entonces que
está angustiada, e inquieta; que se siente sola, que se
siente culpable. Sé entonces que su cólera no es más
que la manifestación de algo más profundo, y la veo
angustiada e inquieta, es decir, como una persona
que sufre y no como una persona enojada.

Pero el conocimiento tiene otra relación, más fundamental, con el problema del amor. La necesidad básica de fundirse con otra persona para trascender de
ese modo la prisión de la propia separatidad se vincu-
la, de modo íntimo, con otro deseo específicamente
humano, el de conocer el «secreto del hombre». Si
bien la vida en sus aspectos meramente biológicos es
un milagro y un secreto, el hombre, en sus aspectos
humanos, es un impenetrable secreto para sí mismo
—y para sus semejantes—. Nos conocemos y, a pesar
de todos los esfuerzos que podamos realizar, no nos
conocemos. Conocemos a nuestros semejantes y, sin
embargo, no los conocemos, porque no somos una
cosa, y tampoco lo son nuestros semejantes. Cuanto
más avanzamos hacia las profundidades de nuestro

ser, o el ser de los otros, más nos elude la meta del conocimiento. Sin embargo, no podemos dejar de sentir el deseo de penetrar en el secreto del alma humana, en el núcleo más profundo que es «él».

Hay una manera, una manera desesperada, de conocer el secreto: es el poder absoluto sobre otra persona; el poder que le hace hacer lo que queremos, sentir lo que queremos, pensar lo que queremos; que la transforma en una cosa, nuestra cosa, nuestra posesión. El grado más intenso de ese intento de conocer consiste en los extremos del sadismo, el deseo y la habilidad de hacer sufrir a un ser humano, de torturarlo, de obligarlo a traicionar su secreto en su sufrimiento. En ese anhelo de penetrar en el secreto del hombre y, por lo tanto, en el nuestro, reside una motivación esencial de la profundidad y la intensidad de la crueldad y la destructividad. Isaac Babel ha expresado tal idea en una forma muy sucinta. Recuerda a un oficial compañero suyo en la guerra civil rusa, quien acababa de matar a puntapiés a su examo: «Con un disparo —digamos así—, con un disparo, uno solo, se libra uno de un tipo... Con un disparo nunca se llega al alma, dónde está en el tipo y cómo se presenta. Pero yo no ahorro fuerzas, y más de una vez he pisoteado a un tipo durante más de una hora. Sabes, quiero llegar a saber qué es realmente la vida, cómo es la vida».[6]

6. I. Babel, *The Collected Stories*, Nueva York, Criterion Book, 1955.

Es frecuente que los niños tomen abiertamente ese camino hacia el conocimiento. El niño desarma algo, lo deshace para conocerlo; o destroza un animal; cruelmente arranca las alas de una mariposa para conocerla, para obligarla a revelar su secreto. La crueldad misma está motivada por algo más profundo: el deseo de conocer el secreto de las cosas y de la vida.

Otro camino para conocer «el secreto» es el amor. El amor es la penetración activa en la otra persona, en la que la unión satisface mi deseo de conocer. En el acto de fusión, te conozco, me conozco a mí mismo, conozco a todos —y no «conozco» nada—. Conozco de la única manera en que el conocimiento de lo que está vivo le es posible al hombre —por la experiencia de la unión—, no mediante algún conocimiento proporcionado por nuestro pensamiento. El sadismo está motivado por el deseo de conocer el secreto y, sin embargo, permanezco tan ignorante como antes. He destrozado completamente al otro ser y, sin embargo, no he hecho más que separarlo en pedazos. El amor es la única forma de conocimiento que, en el acto de unión, satisface mi búsqueda. En el acto de amar, de entregarse, en el acto de penetrar en la otra persona, me encuentro a mí mismo, me descubro, nos descubro a ambos, descubro al hombre.

El anhelo de conocernos a nosotros mismos y de conocer a nuestros semejantes fue expresado en el lema délfico: «Conócete a ti mismo». Tal es la fuente primordial de toda psicología. Pero puesto que deseamos conocer todo el hombre, su más profundo secreto, el conocimiento corriente, el que procede solo del pensamiento, nunca puede satisfacer dicho deseo. Aunque llegáramos a conocernos muchísimo más, nunca alcanzaríamos el fondo. Seguiríamos siendo un enigma para nosotros mismos, y nuestros semejantes seguirían siéndolo para nosotros. La única forma de alcanzar el conocimiento total consiste en el *acto* de amar: ese acto trasciende el pensamiento, trasciende las palabras. Es una zambullida temeraria en la experiencia de la unión. Sin embargo, el conocimiento del pensamiento, es decir, el conocimiento psicológico, es una condición necesaria para el pleno conocimiento en el acto de amar. Tengo que conocer a la otra persona y a mí mismo objetivamente, para poder ver su realidad, o, más bien, para dejar de lado las ilusiones, mi imagen irracionalmente deformada de ella. Solo conociendo objetivamente a un ser humano, puedo conocerlo en su esencia última, en el acto de amar.[7]

El problema de conocer al hombre es paralelo al problema religioso de conocer a Dios. En la teología

7. Esa afirmación tiene una consecuencia importante para el papel de la psicología en la cultura occidental contemporánea. Si bien la gran popularidad de la psicología indica ciertamente interés en el conocimiento del hombre, también descubre la fundamental falta de amor en las relaciones humanas actuales. El conocimiento psicológico conviértese así en un sustituto del conocimiento pleno del acto de amar, en lugar de ser un paso hacia él.

occidental convencional se intenta conocer a Dios por medio del pensamiento, de afirmaciones *acerca* de Dios. Se supone que puedo conocer a Dios en mi pensamiento. En el misticismo, que es el resultado del monoteísmo (como trataré de demostrar más adelante), se renuncia al intento de conocer a Dios por medio del pensamiento, y se lo reemplaza por la experiencia de la unión con Dios, en la que ya no hay lugar para el conocimiento *acerca* de Dios, ni tal conocimiento es necesario.

La experiencia de la unión, con el hombre, o, desde un punto de vista religioso, con Dios, no es en modo alguno irracional. Por el contrario, y como lo señaló Albert Schweitzer, es la consecuencia del racionalismo, su consecuencia más audaz y radical. Se basa en nuestro conocimiento de las limitaciones fundamentales, y no accidentales, de nuestro conocimiento. Es el conocimiento de que nunca «captaremos» el secreto del hombre y del universo, pero que podemos conocerlos, sin embargo, en el acto de amar. La psicología como ciencia tiene limitaciones, y así como la consecuencia lógica de la teología es el misticismo, así la consecuencia última de la psicología es el amor.

Cuidado, responsabilidad, respeto y conocimiento son mutuamente interdependientes. Constituyen un síndrome de actitudes que se encuentran en la persona madura; esto es, en la persona que desarrolla productivamente sus propios poderes, que solo desea poseer los que ha ganado con su trabajo, que ha renunciado a los sueños narcisistas de omnisapiencia y omnipotencia, que ha adquirido humildad basada en esa fuerza interior que solo la genuina actividad productiva puede proporcionar.

Hasta ahora he hablado sobre el amor como forma de superar la separatidad humana, como la realización del anhelo de unión. Pero por encima de la necesidad universal, existencial, de unión, surge otra más específica y de orden biológico: el deseo de unión entre los polos masculino y femenino. La idea de tal polarización está notablemente expresada en el mito de que, originariamente, el hombre y la mujer fueron uno, que los dividieron por la mitad y que, desde entonces, cada hombre busca la parte femenina de sí mismo que ha perdido, para unirse nuevamente con ella. (La misma idea de la unidad original de los sexos aparece también en la Biblia, donde Eva es hecha de una costilla de Adán, si bien en ese relato, concebido en el espíritu del patriarcalismo, la mujer se considera secundaria al hombre). El significado del mito es bastante claro. La polarización sexual lleva al hombre a buscar la unión con el otro sexo. La polaridad entre los principios masculino y femenino existe también *dentro* de cada hombre y cada mujer. Así como fisiológicamente tanto el hombre como la mujer poseen hormonas del sexo opuesto, así también en el sentido psicológico son bisexuales. Llevan en sí mismos el principio de recibir y de penetrar, de la materia y del espíritu. El hombre —y la mujer— solo logra la unión interior en la unión con su polaridad femenina o masculina. Esa polaridad es la base de toda creatividad.

La polaridad masculino-femenina es también la base de la creatividad interpersonal. Ello se evidencia biológicamente en el hecho de que la unión del esperma y el óvulo constituye la base para el nacimiento de un niño. Y la situación es la misma en el dominio puramente psíquico; en el amor entre hombre y mujer, cada uno vuelve a nacer. (La desviación homosexual es un fracaso en el logro de esa unión polarizada, y por eso el homosexual sufre el dolor de la separatidad nunca resuelta, fracaso que comparte, sin embargo, con el heterosexual corriente que no puede amar).

Idéntica polaridad entre el principio masculino y el femenino existe en la naturaleza; no solo, como es notorio, en los animales y las plantas, sino en la polaridad de dos funciones fundamentales, la de recibir y la de penetrar. Es la polaridad de la tierra y la lluvia, del río y el océano, de la noche y el día, de la oscuridad y la luz, de la materia y el espíritu. El gran poeta y místico musulmán, Rumi, expresó esta idea con hermosas frases:

Nunca el amante busca sin ser buscado por su amada.

Si la luz del amor ha penetrado en este corazón, sabe que también hay amor en aquel corazón.

Cuando el amor a Dios agita tu corazón, también Dios tiene amor para ti.

Sin la otra mano, ningún ruido de palmoteo sale de una mano.

La sabiduría Divina es destino y su decreto nos hace amarnos el uno al otro.

Por eso está ordenado que cada parte del mundo se una con su consorte.

El sabio dice: Cielo es hombre, y Tierra, mujer.

Cuando la Tierra no tiene calor, el Cielo se lo manda; cuando pierde su frescor y su rocío, el Cielo se lo devuelve.

El Cielo hace su ronda, como un marido que trabaja por su mujer.

Y la Tierra se ocupa del gobierno de su casa: cuida de los nacimientos y amamanta lo que pare.

Mira a la Tierra y al Cielo, tienen inteligencia, pues hacen el trabajo de seres inteligentes.

Si esos dos no gustaran placer el uno del otro, ¿por qué habrían de andar juntos como novios?

Sin la Tierra, ¿despuntarían las flores, echarían flores los árboles? ¿Qué, entonces, producirían el calor y el agua del Cielo?

Así como Dios puso el deseo en el hombre y en la mujer para que el mundo fuera preservado por su unión.

Así en cada parte de la existencia planteó el deseo de la otra parte.

Día y noche son enemigos afuera; pero sirven ambos un único fin.

Cada uno ama al otro en aras de la perfección de su mutuo trabajo.

Sin la noche, la naturaleza del Hombre no recibi-
ría ganancia alguna, y nada tendría entonces el Día
para gastar.[8]

El problema de la polaridad hombre-mujer lleva
a ciertas consideraciones ulteriores sobre la cuestión
del amor y el sexo. Hablé antes del error que come-
tió Freud al ver en el amor exclusivamente la expresión —o una sublimación— del instinto sexual, en
lugar de reconocer que el deseo sexual es una manifestación de la necesidad de amor y de unión. Pero el
error de Freud es más hondo todavía. De acuerdo
con su materialismo fisiológico, ve en el instinto sexual el resultado de una tensión químicamente producida en el cuerpo, que es dolorosa y busca alivio.
La finalidad del deseo sexual es la eliminación de esa
tensión; la satisfacción sexual consiste en tal eliminación. Este punto de vista es válido en la medida en
que el deseo sexual opera en la misma forma que el
hambre o la sed cuando el organismo se encuentra
desnutrido. En tal sentido, el deseo sexual es una co-
mezón, y la satisfacción sexual, el alivio de esa come-
zón. En realidad, en lo que al concepto de sexualidad
se refiere, la masturbación sería la satisfacción sexual
ideal. Lo que Freud paradójicamente no tiene en
cuenta es el aspecto psicobiológico de la sexualidad,
la polaridad masculino-femenina, y el deseo de resol-

8. R.A. Nicholson, *Rumi*, Londres, George Allen and Un-
win, Ltd., 1950, págs. 122-123.

ver la polaridad por medio de la unión. Ese curioso error probablemente se vio facilitado por el extremo patriarcalismo de Freud, que lo llevó a suponer que la sexualidad *per se* es masculina, y le hizo ignorar la sexualidad femenina específica. Expresó tal idea en *Una teoría sexual*, diciendo que la libido posee regularmente «una naturaleza masculina», se trate de la libido de un hombre o de una mujer. La misma idea se expresa, en una forma racionalizada, en la teoría de que el niño experimenta a la mujer como un hombre castrado, y de que ella misma busca diversas compensaciones a la pérdida del genital masculino. Pero la mujer no es un hombre castrado, y su sexualidad es específicamente femenina y no de «naturaleza masculina».

La necesidad de aliviar la tensión solo motiva parcialmente la atracción entre los sexos; la motivación fundamental es la necesidad de unión con el otro polo sexual. De hecho, la atracción erótica no se expresa únicamente en la atracción sexual. Hay masculinidad y feminidad en el *carácter* tanto como en la *función sexual*. Se puede definir el carácter masculino diciendo que posee las cualidades de penetración, conducción, actividad, disciplina y aventura; el carácter femenino, las cualidades de receptividad productiva, protección, realismo, resistencia, maternalidad. (Siempre se debe tener presente que en cada individuo se funden ambas características, pero con predominio de las correspondientes a su sexo). Si los rasgos masculinos del *carácter* de un hombre están

debilitados porque emocionalmente sigue siendo
una criatura, es muy frecuente que trate de compensar esa falta acentuando exclusivamente su papel
masculino en el *sexo*. El resultado es el Don Juan,
que necesita demostrar sus proezas masculinas en el
terreno sexual, porque está inseguro de su masculinidad en un sentido caracterológico. Cuando la paráli-
sis de la masculinidad es más intensa, el sadismo (el
uso de la fuerza) se convierte en el principal —y per-
verso— sustituto de la masculinidad. Si la sexualidad
femenina está debilitada o pervertida, se transforma
en masoquismo o posesividad.

Se ha criticado a Freud por su sobrevaloración de
lo sexual. Tales críticas estuvieron frecuentemente
motivadas por el deseo de eliminar del sistema freudiano un elemento que despertó la hostilidad y la crítica de la gente de mentalidad convencional. Freud
percibió agudamente esa motivación y, por eso mismo, luchó contra todo intento de modificar su teoría
sexual. Es indudable que en su época la teoría freudiana tenía un carácter desafiante y revolucionario.
Pero lo que era cierto alrededor de 1900 ya no lo es
cincuenta años más tarde. Las costumbres sexuales
han cambiado tanto que las teorías de Freud ya no le
resultan escandalosas a la clase media occidental, y
los analistas ortodoxos actuales practican una forma
quijotesca de radicalismo cuando creen que son los
valerosos y extremistas defensores de la teoría sexual
de Freud. En realidad, su tipo de psicoanálisis es
conformista, y no trata de plantear problemas psico-

lógicos que lleven a una crítica de la sociedad contemporánea.

No critico la teoría freudiana por acentuar excesivamente la sexualidad, sino por su fracaso en comprenderla con profundidad. Freud dio el primer paso hacia el descubrimiento de la significación de las pasiones interpersonales; de acuerdo con sus premisas filosóficas, las explicó fisiológicamente. En el desarrollo ulterior del psicoanálisis es necesario corregir y profundizar el concepto freudiano, trasladando las concepciones de Freud de la dimensión fisiológica a la biológica y existencial.[9]

2. EL AMOR ENTRE PADRES E HIJOS

Al nacer, el infante sentiría miedo de morir si un gracioso destino no lo protegiera de cualquier conciencia de la angustia implícita en la separación de la madre y de la existencia intrauterina. Aun después de nacer, el infante es apenas diferente de lo que era antes del nacimiento; no puede reconocer objetos, no

9. El mismo Freud dio un primer paso en esa dirección en su posterior concepto de los instintos de vida y de muerte. Su concepto del instinto de vida (eros) como principio de síntesis y de unificación se encuentra en un plano enteramente distinto al de su concepto de la libido. Pero, a pesar de que la teoría de los instintos de vida y de muerte fue aceptada por los analistas ortodoxos, ello no llevó a una revisión fundamental del concepto de libido, especialmente en lo que toca a la labor clínica.

tiene aún conciencia de sí mismo, ni del mundo como algo exterior a él. Solo siente la estimulación positiva del calor y el alimento, y todavía no los distingue de su fuente: la madre. La madre *es* calor, *es* alimento, la madre *es* el estado eufórico de satisfacción y seguridad. Ese estado es narcisista, para usar un término de Freud. La realidad exterior, las personas y las cosas, tienen sentido solamente en la medida en que satisfacen o frustran el estado interno del cuerpo. Solo es real lo que está adentro; lo exterior solo es real en función de mis necesidades —nunca en función de sus propias cualidades o necesidades.

Cuando el niño crece y se desarrolla, se vuelve capaz de percibir las cosas como son; la satisfacción de ser alimentado se distingue del pezón, el pecho de la madre. Eventualmente, el niño experimenta su sed, la leche que lo satisface, el pecho y la madre, como entidades diferentes. Aprende a percibir muchas otras cosas como diferentes, como poseedoras de una existencia propia. En ese momento empieza a darles nombres. Al mismo tiempo aprende a manejarlas; aprende que el fuego es caliente y doloroso, que el cuerpo de la madre es tibio y placentero, que el biberón es duro y pesado, que el papel es liviano y se puede rasgar. Aprende a manejar a la gente; que mamá sonríe cuando él come; que lo alza en sus brazos cuando llora; que lo alaba cuando mueve el vientre. Todas esas experiencias se cristalizan o integran en la experiencia: *me aman*. Me aman porque soy el hijo de mi madre. Me aman porque estoy desvalido. Me aman porque soy hermoso, admirable. Me aman porque mi madre me necesita. Para utilizar una fórmula más general: *me aman por lo que soy*, o quizá más exactamente, *me aman porque soy*. Tal experiencia de ser amado por la madre es pasiva. No tengo que hacer nada para que me quieran —el amor de la madre es incondicional—. Todo lo que necesito es ser —ser su hijo—. El amor de la madre significa dicha, paz, no hace falta conseguirlo, ni merecerlo. Pero la cualidad incondicional del amor materno tiene también un aspecto negativo. No solo es necesario merecerlo, mas también es *imposible* conseguirlo, producirlo, controlarlo. Si existe, es como una bendición; si no existe, es como si toda la belleza hubiera desaparecido de la vida —y nada puedo hacer para crearla.

Para la mayoría de los niños entre los ocho y medio a los diez años,[10] el problema consiste casi exclusivamente en *ser amado* —en ser amado por lo que se es—. Antes de esa edad, el niño aún no ama; responde con gratitud y alegría al amor que se le brinda. A esa altura del desarrollo infantil, aparece en el cuadro un nuevo factor: un nuevo sentimiento de producir amor por medio de la propia actividad. Por primera vez, el niño piensa en *dar* algo a sus padres, en producir algo —un poema, un dibujo, o lo que fuere—. Por primera vez en la vida del niño, la idea del amor

10. Véase la descripción que de ese desarrollo hace Sullivan en *The Interpersonal Theory of Psychiatry*, Nueva York, W.W. Norton and Co., 1953.

se transforma de ser amado a amar, en crear amor. Muchos años transcurren desde ese primer comienzo hasta la madurez del amor. Eventualmente, el niño, que puede ser ahora un adolescente, ha superado su egocentrismo; la otra persona ya no es primariamente un medio para satisfacer sus propias necesidades. Las necesidades de la otra persona son tan importantes como las propias; en realidad, se han vuelto más importantes. Dar es más satisfactorio, más dichoso que recibir; amar, aún más importante que ser amado. Al amar, ha abandonado la prisión de soledad y aislamiento que representaba el estado de narcisismo y autocentrismo. Experimenta una nueva sensación de unión, de compartir, de unidad. Más aún, siente la potencia de producir amor —antes que la dependencia de recibir siendo amado— para lo cual debe ser pequeño, indefenso, enfermo —o «bueno»—. El amor infantil sigue el principio: *«Amo porque me aman»*. El amor maduro obedece al principio: *«Me aman porque amo»*. El amor inmaduro dice: *«Te amo porque te necesito»*. El amor maduro dice: *«Te necesito porque te amo»*.

En estrecha relación con el desarrollo de la capacidad de amar está la evolución del *objeto* amoroso. En los primeros meses y años de la vida, la relación más estrecha del niño es la que tiene con la madre. Esa relación comienza antes del nacimiento, cuando madre e hijo son aún uno, aunque sean dos. El nacimiento modifica la situación en algunos aspectos, pero no tanto como parecería. El niño, si bien vive ahora fuera del vientre materno, todavía depende por completo de la madre. Pero día a día se hace más independiente: aprende a caminar, a hablar, a explorar el mundo por su cuenta; la relación con la madre pierde algo de su significación vital; en cambio, la relación con el padre se torna cada vez más importante.

Para comprender ese paso de la madre al padre, debemos considerar las esenciales diferencias cualitativas entre el amor materno y el paterno. Hemos hablado ya acerca del amor materno. Ese es, por su misma naturaleza, incondicional. La madre ama al recién nacido porque es su hijo, no porque el niño satisfaga alguna condición específica ni porque llene sus aspiraciones particulares. (Naturalmente, cuando hablo del amor de la madre y del padre, me refiero a «tipos ideales» —en el sentido de Max Weber o en el del arquetipo de Jung— y no significo que todos los padres amen en esa forma. Me refiero al principio materno y al paterno, representados en la persona materna y paterna). El amor incondicional corresponde a uno de los anhelos más profundos, no solo del niño, sino de todo ser humano; por otra parte, que nos amen por los propios méritos, porque uno se lo merece, siempre crea dudas; quizá no complací a la persona que quiero que me ame, quizás eso, quizás aquello —siempre existe el temor de que el amor desaparezca—. Además, el amor «merecido» siempre deja un amargo sentimiento de no ser amado por uno mismo, de que solo se nos ama cuando somos complacientes, de que, en último análisis, no se nos ama, sino que se nos usa. No es extraño, entonces, que todos nos aferremos al anhelo de amor materno, cuando niños y también cuando adultos. La mayoría de los niños tienen la suerte de recibir amor materno (más adelante veremos en qué medida). Cuando adultos, el mismo anhelo es más difícil de satisfacer. En el desarrollo más satisfactorio, permanece como un componente del amor erótico normal; muchas veces encuentra su expresión en formas religiosas, pero con mayor frecuencia en formas neuróticas.

La relación con el padre es enteramente distinta. La madre es el hogar de donde venimos, la naturaleza, el suelo, el océano; el padre no representa un hogar natural de ese tipo. Tiene escasa relación con el niño durante los primeros años de su vida, y su importancia para este no puede compararse a la de la madre en ese primer período. Pero, si bien el padre no representa el mundo natural, significa el otro polo de la existencia humana; el mundo del pensamiento, de las cosas hechas por el hombre, de la ley y el orden, de la disciplina, los viajes y la aventura. El padre es el que enseña al niño, el que le muestra el camino hacia el mundo.

En estrecha conexión con esa función, existe otra, vinculada al desarrollo económico-social. Cuando surgió la propiedad privada, y cuando uno de los hijos pudo heredar la propiedad privada, el padre comenzó a seleccionar al hijo a quien legaría su propiedad. Desde luego, elegía al que consideraba mejor dotado para convertirse en su sucesor, el hijo que más se le asemejaba y, en consecuencia, el que prefería. El amor paterno es condicional. Su principio es «te amo *porque* llenas mis aspiraciones, porque cumples con tu deber, porque eres como yo». En el amor condicional del padre encontramos, como en el caso del amor incondicional de la madre, un aspecto negativo y uno positivo. El aspecto negativo consiste en el hecho mismo de que el amor paterno se debe ganar, de que se puede perder si uno no hace lo que de uno se espera. A la naturaleza del amor paterno se debe el hecho de que la obediencia constituya la principal virtud, la desobediencia el principal pecado, cuyo castigo es la pérdida del amor del padre. El aspecto positivo es igualmente importante. Puesto que el amor de mi padre es condicional, es posible hacer algo por conseguirlo; su amor no está fuera de mi control, como ocurre con el de mi madre.

Las actitudes del padre y de la madre hacia el niño corresponden a las propias necesidades de este. El infante necesita el amor incondicional y el cuidado de la madre, tanto fisiológica como psíquicamente. Después de los seis años, el niño comienza a necesitar el amor del padre, su autoridad y su guía. La función de la madre es darle seguridad en la vida; la del padre, enseñarle, guiarlo en la solución de los problemas que le plantea la sociedad particular en la que ha nacido. En el caso ideal, el amor de la madre no trata de impedir que el niño crezca, no intenta hacer una virtud de la desvalidez. La madre debe tener fe en la vida y, por ende, no ser exageradamente ansiosa y no contagiar al niño su ansiedad. Querer que el niño se torne independiente y llegue a separarse de ella debe ser parte de su vida. El amor paterno se debe regir por principios y expectativas; debe ser paciente y tolerante, no amenazador y autoritario. Debe darle al niño que crece un sentido cada vez mayor de la competencia, y oportunamente permitirle ser su propia autoridad y dejar de lado la del padre.

Eventualmente, la persona madura llega a la etapa en que es su propio padre y su propia madre. Tiene, por así decirlo, una conciencia materna y paterna. La conciencia materna dice: «No hay ningún delito, ningún crimen, que pueda privarte de mi amor, de mi deseo de que vivas y seas feliz». La conciencia paterna dice: «Obraste mal, no puedes dejar de aceptar las consecuencias de tu mala acción, y, especialmente, debes cambiar si quieres que te aprecie». La persona madura se ha liberado de las figuras exteriores de la madre y el padre, y las ha erigido en su interior. Sin embargo, y en contraste con el concepto freudiano del superyó, las ha construido en su interior sin *incorporar* al padre y a la madre, sino elaborando una conciencia materna sobre su propia capacidad de amar, y una conciencia paterna fundada en su razón y su discernimiento. Además, la persona madura ama tanto con la conciencia materna como con la paterna, a pesar de que ambas parecen contradecirse mutuamente. Si un individuo conservara solo la conciencia paterna, se tornaría áspero e inhumano. Si retuviera únicamente la conciencia materna, podría perder su criterio y obstaculizar su propio desarrollo o el de los demás.

En esa evolución de la relación centrada en la madre a la centrada en el padre, y su eventual síntesis, se encuentra la base de la salud mental y el logro de la madurez. El fracaso de dicho desarrollo constituye la causa básica de la neurosis. Si bien está más allá de los propósitos de este libro examinar más profundamente este punto, algunas breves observaciones servirán para aclarar esa afirmación.

Una de las causas del desarrollo neurótico puede radicar en que el niño tiene una madre amante, pero demasiado indulgente o dominadora, y un padre débil e indiferente. En tal caso, puede permanecer fijado a una temprana relación con la madre, y convertirse en un individuo dependiente de la madre, que se siente desamparado, posee los impulsos característicos de la persona receptiva, es decir, de recibir, de ser protegido y cuidado, y que carece de las cualidades paternas —disciplina, independencia, habilidad de dominar la vida por sí mismo—. Puede tratar de encontrar «madres» en todo el mundo, a veces en las mujeres y a veces en los hombres que ocupan una posición de autoridad y poder. Si, por el contrario, la madre es fría, indiferente y dominadora, puede transferir la necesidad de protección materna al padre y a subsiguientes figuras paternas, en cuyo caso el resultado final es similar al caso anterior, o se convierte en una persona de orientación unilateralmente paterna, enteramente entregado a los principios de la ley, el orden y la autoridad, y carente de la capacidad de esperar o recibir amor incondicional. Ese desarrollo se ve intensificado si el padre es autoritario y, al mismo tiempo, muy apegado al hijo. Lo característico de todos esos desarrollos neuróticos es el hecho de que un principio, el paterno o el materno, no alcanza a desarrollarse, o bien —como ocurre en muchas neurosis serias— que los papeles de la madre y el padre se tornan confusos tanto en lo relativo a las personas exteriores como a dichos papeles dentro de la persona. Un examen más profundo puede mostrar que ciertos tipos de neurosis, las obsesivas, por ejemplo, se desarrollan especialmente sobre la base de un apego unilateral al padre, mientras que otras, como la histeria, el alcoholismo, la incapacidad de autoafirmarse y de enfrentar la vida en forma realista, y las depresiones, son el resultado de una relación centrada en la madre.

3. LOS OBJETOS AMOROSOS

El amor no es esencialmente una relación con una persona específica; es una *actitud*, una *orientación* del *carácter* que determina el tipo de relación de una persona con el mundo como totalidad, no con un «objeto» amoroso. Si una persona ama solo a otra y es indiferente al resto de sus semejantes, su amor no es amor, sino una relación simbiótica, o un egotismo ampliado. Sin embargo, la mayoría de la gente supone que el amor está constituido por el objeto, no por la facultad. En realidad, llegan a creer que el hecho de que no amen sino a una determinada persona prueba la intensidad de su amor. Se trata aquí de la misma falacia que mencionamos antes. Como no comprenden que el amor es una actividad, un poder del alma, creen que lo único necesario es encontrar un objeto adecuado —y que después todo viene solo—. Puede compararse esa actitud con la de un hombre que quiere pintar, pero que en lugar de aprender el arte sostiene que debe esperar el objeto adecuado, y que pintará maravillosamente bien cuando lo encuentre. Si amo realmente a una persona, amo a todas las personas, amo al mundo, amo la vida. Si puedo decirle a alguien «Te amo», debo poder decir «Amo a todos en ti, a través de ti amo al mundo, en ti me amo también a mí mismo».

Decir que el amor es una orientación que se refiere a todos y no a uno no implica, empero, la idea de que no hay diferencias entre los diversos tipos de amor, que dependen de la clase de objeto que se ama.

a. Amor fraternal

La clase más fundamental de amor, básica en todos los tipos de amor, es el *amor fraternal*. Por él se entiende el sentido de responsabilidad, cuidado, respeto y conocimiento con respecto a cualquier otro ser humano, el deseo de promover su vida. A esta clase de amor se refiere la Biblia cuando dice: ama a tu prójimo como a ti mismo. El amor fraternal es el amor a todos los seres humanos; se caracteriza por su falta de exclusividad. Si he desarrollado la capacidad de amar, no puedo dejar de amar a mis hermanos. En el amor fraternal se realiza la experiencia de unión con todos los hombres, de solidaridad humana, de reparación humana. El amor fraternal se basa en la experiencia de que todos somos uno. Las diferencias en talento, inteligencia, conocimiento, son despreciables en comparación con la identidad de la esencia humana común a todos los hombres. Para experimentar dicha identidad es necesario penetrar desde la periferia hacia el núcleo. Si percibo en otra persona nada más que lo superficial, percibo principalmente las diferencias, lo que nos separa. Si penetro hasta el núcleo, percibo nuestra identidad, el hecho de nuestra hermandad. Esta relación de centro a centro —en lugar de la de periferia a periferia— es una «relación central». O, como lo expresó bellamente Simone Weil: «Las mismas palabras [por ejemplo, un hombre dice a su mujer, "te amo"] pueden ser triviales o extraordinarias según la forma en que se digan. Y esa forma depende de la profundidad de la región en el ser de un hombre de donde procedan, sin que la voluntad pueda hacer nada. Y, por un maravilloso acuerdo, alcanzan la misma región en quien las escucha. De tal modo, el que escucha puede discernir, si tiene alguna capacidad de discernimiento, cuál es el valor de las palabras».[11]

11. Simone Weil, *Gravity and Grace,* Nueva York, G. P. Putnam's Sons, 1952, pág. 117 (trad. cast.: *La gravedad y la gracia*, Madrid, Trotta, 1998).

El amor fraternal es amor entre iguales: pero, sin duda, aun como iguales no somos siempre «iguales»; en la medida en que somos humanos, todos necesitamos ayuda. Hoy yo, mañana tú. Esa necesidad de ayuda, empero, no significa que uno sea desvalido y el otro poderoso. La desvalidez es una condición transitoria; la capacidad de pararse y caminar sobre los propios pies es común y permanente.

Sin embargo, el amor al desvalido, al pobre y al desconocido son el comienzo del amor fraternal. Amar a los de nuestra propia carne y sangre no es hazaña alguna. Los animales aman a sus vástagos y los protegen. El desvalido ama a su dueño, puesto que su vida depende de él; el niño ama a sus padres, pues los necesita. El amor solo comienza a desarrollarse cuando amamos a quienes no necesitamos para nuestros fines personales. En forma harto significativa, en el Antiguo Testamento, el objeto central del amor del hombre es el pobre, el extranjero, la viuda y el huérfano, y eventualmente, el enemigo nacional, el egipcio y el edomita. Al tener compasión del desvalido el hombre comienza a desarrollar amor a su hermano; y al amarse a sí mismo, ama también al que necesita ayuda, al frágil e inseguro ser humano. La compasión implica el elemento de conocimiento e identificación. «Tú conoces el corazón del extranjero —dice el Antiguo Testamento— puesto que fuiste extranjero en la tierra de Egipto... ¡por lo tanto, ama al extranjero!».[12]

12. La misma idea ha sido expresada por Hermann Cohen

b. Amor materno

Nos hemos referido ya a la naturaleza del amor materno en un capítulo anterior, al hablar de la diferencia entre el amor materno y el paterno. El amor materno, como dije entonces, es una afirmación incondicional de la vida del niño y sus necesidades. Pero debo hacer aquí una importante adición a tal descripción. La afirmación de la vida del niño presenta dos aspectos: uno es el cuidado y la responsabilidad absolutamente necesarios para la conservación de la vida del niño y su crecimiento. El otro aspecto va más allá de la mera conservación. Es la actitud que inculca en el niño el amor a la vida, que crea en él el sentimiento: ¡es bueno estar vivo, es bueno ser una criatura, es bueno estar sobre esta tierra! Esos dos aspectos del amor materno se expresan muy sucintamente en el relato bíblico de la creación. Dios crea el mundo y el hombre. Esto corresponde al simple cuidado y afirmación de la existencia. Pero Dios va más allá de ese requerimiento mínimo. Cada día posterior a la creación de la naturaleza —y del hombre— «Dios vio que era bueno». El amor materno, en su segunda etapa, hace sentir al niño: es una suerte haber nacido; inculca en el niño el *amor a la vida*, y no

en su *Religion der Vernunft aus den Quellen des Judentums*, Francfort del Meno, J. Kaufmann Verlag, 1929, págs. 168 y ss. (trad. cast.: *La religión de la razón desde las fuentes del judaísmo*, Rubí [Barcelona], Anthropos, 2004).

solo el deseo de conservarse vivo. La misma idea se expresa en otro simbolismo bíblico. La tierra prometida (la tierra es siempre un símbolo materno) se describe como «plena de leche y miel». La leche es el símbolo del primer aspecto del amor, el de cuidado y afirmación. La miel simboliza la dulzura de la vida, el amor por ella y la felicidad de estar vivo. La mayoría de las madres son capaces de dar «leche», pero solo unas pocas pueden dar «miel» también. Para estar en condiciones de dar miel, una madre debe ser no solo una «buena madre», sino una persona feliz —y no son muchas las que logran alcanzar esa meta—. No hay peligro de exagerar el efecto sobre el niño. El amor de la madre a la vida es tan contagioso como su ansiedad. Ambas actitudes ejercen un profundo efecto sobre la personalidad total del niño; indudablemente, es posible distinguir entre los niños —y los adultos— los que solo recibieron «leche» y los que recibieron «leche y miel».

En contraste con el amor fraternal y el erótico, que se dan entre iguales, la relación entre madre e hijo es, por su misma naturaleza, de desigualdad, en la que uno necesita toda la ayuda y la otra la proporciona. Y es precisamente por su carácter altruista y generoso que el amor materno ha sido considerado la forma más elevada de amor, y el más sagrado de todos los vínculos emocionales. Parece, sin embargo, que la verdadera realización del amor materno no está en el amor de la madre al pequeño bebé, sino en su amor por el niño que crece. En realidad, la vasta mayoría de las madres ama a sus hijos mientras estos son pequeños y dependen por completo de ellas. La mayoría de las mujeres desea tener hijos, son felices con el recién nacido y vehementes en sus cuidados. Ello ocurre a pesar del hecho de que no «obtienen» nada del niño a cambio, excepto una sonrisa o una expresión de satisfacción en su rostro. Se supone que esa actitud de amor está parcialmente arraigada en una serie de instintos que se encuentran tanto en los animales como en la mujer. Pero cualquiera que sea la gravitación de ese factor, también existen factores psicológicos específicamente humanos que determinan este tipo de amor maternal. Cabe encontrar uno de ellos en el elemento narcisista del amor materno. En la medida en que sigue sintiendo al niño como una parte suya, el amor y la infatuación pueden satisfacer su narcisismo. Otra motivación radica en el deseo de poder o de posesión de la madre. El niño, desvalido y sometido por entero a su voluntad, constituye un objeto natural de satisfacción para una mujer dominante y posesiva.

Si bien aparecen con frecuencia, tales motivaciones no son probablemente tan importantes y universales como la que podemos llamar necesidad de trascendencia. Tal necesidad de trascendencia es una de las necesidades básicas del hombre, arraigada en el hecho de su autoconciencia, en el hecho de que no está satisfecho con el papel de la criatura, de que no puede aceptarse a sí mismo como un dado arrojado fuera del cubilete. Necesita sentirse creador, ser alguien que trasciende el papel pasivo de ser creado. Hay muchas formas de alcanzar esa satisfacción en la creación; la más natural, y también la más fácil de lograr, es el amor y el cuidado de la madre por su creación. Ella se trasciende en el niño; su amor por él da sentido y significación a su vida. (En la incapacidad misma del varón para satisfacer su necesidad de trascendencia concibiendo hijos reside su impulso a trascenderse por medio de la creación de cosas hechas por el hombre y de ideas).

Pero el niño debe crecer. Debe emerger del vientre materno, del pecho de la madre; finalmente, debe convertirse en un ser humano completamente separado. La esencia misma del amor materno es cuidar de que el niño crezca, y esto significa desear que el niño se separe de ella. Ahí radica la diferencia básica con respecto al amor erótico. En este último, dos seres que estaban separados se convierten en uno solo. En el amor materno, dos seres que estaban unidos se separan. La madre debe no solo tolerar, sino también desear y alentar la separación del niño. Solo en esa etapa el amor materno se convierte en una tarea sumamente difícil, que requiere generosidad y capacidad de dar todo sin desear nada, salvo la felicidad del ser amado. También es en esa etapa donde muchas madres fracasan en su tarea de amor materno. La mujer narcisista, dominadora y posesiva puede llegar a ser una madre «amante» mientras el niño es pequeño. Solo la mujer que realmente ama, la mujer que es más feliz dando que tomando, que está firmemente arraigada en su propia existencia, puede ser una madre amante cuando el niño está en el proceso de la separación.

El amor maternal por el niño que crece, amor que no desea nada para sí, es quizá la forma de amor más difícil de lograr, y la más engañosa, a causa de la facilidad con que una madre puede amar a su pequeño. Pero, precisamente debido a dicha dificultad, una mujer solo puede ser una madre verdaderamente amante si puede *amar*; si puede amar a su esposo, a otros niños, a los extraños, a todos los seres humanos. La mujer que no es capaz de amar en ese sentido, puede ser una madre afectuosa mientras su hijo es pequeño, pero no será una madre amante, y la prueba de ello es la voluntad de aceptar la separación —y aun después de la separación seguir amando.

c. Amor erótico

El amor fraterno es amor entre hermanos; el amor materno es amor por el desvalido. Diferentes como son entre sí, tienen en común el hecho de que, por su misma naturaleza, no están restringidos a una sola persona. Si amo a mi hermano, amo a todos mis hermanos; si amo a mi hijo, amo a todos mis hijos; no, más aún, amo a todos los niños, a todos los que necesitan mi ayuda. En contraste con ambos tipos de amor está el *amor erótico*: el anhelo de fusión completa, de unión con una única otra persona. Por su propia naturaleza, es exclusivo y no universal; es también, quizá, la forma de amor más engañosa que existe.

En primer lugar, se lo confunde fácilmente con la experiencia explosiva de «enamorarse», el súbito derrumbe de las barreras que existían hasta ese momento entre dos desconocidos. Pero, como señalamos antes, tal experiencia de repentina intimidad es, por su misma naturaleza, de corta duración. Cuando el desconocido se ha convertido en una persona íntimamente conocida, ya no hay más barreras que superar, ningún súbito acercamiento que lograr. Se llega a conocer a la persona «amada» tan bien como a uno mismo. O, quizá, sería mejor decir tan poco. Si la experiencia de la otra persona fuera más profunda, si se pudiera experimentar la infinitud de su personalidad, nunca nos resultaría tan familiar —y el milagro de salvar las barreras podría renovarse a diario—. Pero para la mayoría de la gente, su propia persona, tanto como las otras, resulta rápidamente explorada y agotada. Para ellos, la intimidad se establece principalmente a través del contacto sexual. Puesto que experimentan la separatidad de la otra persona fundamentalmente como separatidad física, la unión física significa superar la separatidad.

Existen, además, otros factores que para mucha gente significan una superación de la separatidad. Hablar de la propia vida, de las esperanzas y angustias, mostrar los propios aspectos infantiles, establecer un interés común frente al mundo —se consideran formas de salvar la separatidad—. Aun la exhibición de enojo, odio, de la absoluta falta de inhibición, se consideran pruebas de intimidad, y ello puede explicar la atracción pervertida que sienten los integrantes de muchos matrimonios que solo parecen íntimos cuando están en la cama o cuando dan rienda suelta a su odio y a su rabia recíprocos. Pero la intimidad de este tipo tiende a disminuir cada vez más a medida que transcurre el tiempo. El resultado es que se trata de encontrar amor en la relación con otra persona, con un nuevo desconocido. Este se transforma nuevamente en una persona «íntima», la experiencia de enamorarse vuelve a ser estimulante e intensa, para tornarse otra vez menos y menos intensa, y concluye en el deseo de una nueva conquista, un nuevo amor —siempre con la ilusión de que el nuevo amor será distinto de los anteriores—. El carácter engañoso del deseo sexual contribuye al mantenimiento de tales ilusiones.

El deseo sexual tiende a la fusión —y no es en modo alguno solo un apetito físico, el alivio de una tensión penosa—. Pero el deseo sexual puede ser estimulado por la angustia de la soledad, por el deseo de conquistar o de ser conquistado, por la vanidad, por el deseo de herir y aun de destruir, tanto como por el amor. Parecería que cualquier emoción intensa, el amor entre otras, puede estimular y fundirse con el deseo sexual. Como la mayoría de la gente une el deseo sexual a la idea del amor, con facilidad incurre en el error de creer que se ama cuando se desea físicamente. El amor puede inspirar el deseo de la unión sexual; en tal caso, la relación física se halla libre de avidez, del deseo de conquistar o ser conquistado, pero está fundido con la ternura. Si el deseo de unión física no está estimulado por el amor, si el amor erótico no es a la vez fraterno, jamás conduce a la unión salvo en un sentido orgiástico y transitorio. La atracción sexual crea, por un momento, la ilusión de la unión, pero, sin amor, tal «unión» deja a los desconocidos tan separados como antes —a veces los hace avergonzarse el uno del otro, o aun odiarse recíprocamente, porque, cuando la ilusión se desvanece, sienten su separación más agudamente que antes—. La ternura no es en modo alguno, como creía Freud, una sublimación del instinto sexual; es el producto directo del amor fraterno, y existe tanto en las formas físicas del amor como en las no físicas.

En el amor erótico hay una exclusividad que falta en el amor fraterno y en el materno. Ese carácter exclusivo requiere un análisis más amplio. La exclusividad del amor erótico suele interpretarse erróneamente como una relación posesiva. Es frecuente encontrar dos personas «enamoradas» la una de la otra que no sienten amor por nadie más. Su amor es, en realidad, un egotismo à deux; son dos seres que se identifican el uno con el otro, y que resuelven el problema de la separatidad convirtiendo al individuo aislado en dos. Tienen la vivencia de superar la separatidad, pero, puesto que están separados del resto de la humanidad, siguen estándolo entre sí y enajenados de sí mismos; su experiencia de unión no es más que ilusión.

El amor erótico es exclusivo, pero ama en la otra persona a toda la humanidad, a todo lo que vive. Es exclusivo solo en el sentido de que puedo fundirme plena e intensamente con una sola persona. El amor erótico excluye el amor por los demás solo en el sentido de la fusión erótica, de un compromiso total en todos los aspectos de la vida —pero no en el sentido de un amor fraterno profundo.

El amor erótico, si es amor, tiene una premisa. Amar desde la esencia del ser —y vivenciar a la otra persona en la esencia de su ser—. En esencia, todos los seres humanos son idénticos. Somos todos parte de Uno; somos Uno. Siendo así, no debería importar a quién amamos. El amor debe ser esencialmente un acto de la voluntad, de decisión de dedicar toda nuestra vida a la de la otra persona. Ese es, sin duda, el razonamiento que sustenta la idea de la indisolubilidad del matrimonio, así como las muchas formas de matrimonio tradicional, en las que ninguna de las partes elige a la otra, sino que alguien las elige por ellas, a pesar de lo cual se espera que se amen mutuamente. En la cultura occidental contemporánea, tal idea parece totalmente falsa. Se supone que el amor es el resultado de una reacción espontánea y emocional, de la súbita aparición de un sentimiento irresistible. De acuerdo con ese criterio, solo se consideran las peculiaridades de los dos individuos implicados —y no el hecho de que todos los hombres son parte de Adán y todos las mujeres parte de Eva—. Se pasa así por alto un importante factor del amor erótico, el de la *vo-*

luntad. Amar a alguien no es meramente un sentimiento poderoso —es una decisión, es un juicio, es
una promesa—. Si el amor no fuera más que un sentimiento, no existirían bases para la promesa de amarse
eternamente. Un sentimiento comienza y puede de-
saparecer. ¿Cómo puedo yo juzgar que durará eternamente, si mi acto no implica juicio y decisión?

Tomando en cuenta esos puntos de vista, cabe llegar a la conclusión de que el amor es exclusivamente
un acto de la voluntad y un compromiso, y de que,
por lo tanto, en esencia no importa demasiado quié-
nes son las dos personas. Sea que el matrimonio haya
sido decidido por terceros, o el resultado de una elección individual, una vez celebrada la boda, el acto de
la voluntad debe garantizar la continuación del
amor. Tal posición parece no considerar el carácter
paradójico de la naturaleza humana y del amor erótico. Todos somos Uno; no obstante, cada uno de nosotros es una entidad única e irrepetible. Idéntica paradoja se repite en nuestras relaciones con los otros.
En la medida en que todos somos uno, podemos
amar a todos de la misma manera, en el sentido del
amor fraternal. Pero en la medida en que todos también somos diferentes, el amor erótico requiere ciertos elementos específicos y altamente individuales
que existen entre algunos seres, pero no entre todos.

Ambos puntos de vista, entonces, el del amor erótico como una atracción completamente individual,
única entre dos personas específicas, y el de que el
amor erótico no es otra cosa que un acto de la volun-

tad, son verdaderos —o, como sería quizá más exacto, la verdad no es lo uno ni lo otro—. De ahí que la idea de una relación que se puede disolver fácilmente si no resulta exitosa es tan errónea como la idea de que tal relación no se debe disolver bajo ninguna circunstancia.

d. *Amor a sí mismo*[13]

Si bien la aplicación del concepto del amor a diversos objetos no despierta objeciones, es creencia común que amar a los demás es una virtud, y amarse a sí mismo un pecado. Se supone que en la medida en que me amo a mí mismo, no amo a los demás, que amor a sí mismo es lo mismo que egoísmo. Tal punto de vista se remonta a los comienzos del pensamiento occidental. Calvino califica de «peste» el amor

13. Paul Tillich, en un comentario sobre *Hacia una sociedad sana*, en *Pastoral Psychology*, septiembre de 1955, sugirió que sería mejor abandonar el ambiguo término «amor a sí mismo» (autoamor, «self-love») y reemplazarlo por «autoafirmación natural», o «autoaceptación paradójica». Si bien comprendo los méritos de esa sugerencia, no puedo convenir con el autor al respecto. En el término «amor a sí mismo» el elemento paradójico en amor a sí mismo está mucho más claramente contenido. Se expresa el hecho de que el amor es una actitud que es la misma hacia todos los objetos, incluyéndome a mí mismo. Tampoco debe olvidarse que ese término, en el sentido en que se usa aquí, tiene una historia. La Biblia habla de amor a sí mismo cuando ordena «ama a tu prójimo como a *ti mismo*», y el Maestro Eckhart habla de amor a sí mismo en el mismo sentido.

a sí mismo.[14] Freud habla del amor a sí mismo en términos psiquiátricos, pero no obstante, su juicio valorativo es similar al de Calvino. Para él, amor a sí mismo se identifica con narcisismo, es decir, la vuelta de la libido hacia el propio ser. El narcisismo constituye la primera etapa del desarrollo humano, y la persona que en la vida adulta regresa a su etapa narcisista es incapaz de amar; en los casos extremos, es insano. Freud sostiene que el amor es una manifestación de la libido, y que esta puede dirigirse hacia los demás —amor— o hacia uno —amor a sí mismo—. Amor y amor a sí mismo, entonces, se excluyen mutuamente en el sentido de que cuanto mayor es uno, menor es el otro. Si el amor a sí mismo es malo, se sigue que la generosidad es virtuosa.

Surgen los problemas siguientes: ¿La observación psicológica sustenta la tesis de que hay una contradicción básica entre el amor a sí mismo y el amor a los demás? ¿Es el amor a sí mismo un fenómeno similar al egoísmo, o son opuestos? Y ¿es el egoísmo del hombre moderno realmente una *preocupación por sí mismo* como individuo, con todas sus potencialidades intelectuales, emocionales y sensuales? ¿No se ha convertido «él» en un apéndice de su papel económico-social? *¿Es su egoísmo idéntico al amor a sí mismo, o es la causa de la falta de este último?*

14. Calvino, *Institutes of the Christian Religion* (versión inglesa de J. Albau), Filadelfia, Presbyterian Board of Christian Education, 1928, cap. 7, parte 4, pág. 622.

Antes de comenzar el examen del aspecto psicológico del egoísmo y del amor a sí mismo, debemos destacar la falacia lógica que implica la noción de que el amor a los demás y el amor a uno mismo se excluyen recíprocamente. Si es una virtud amar al prójimo como a uno mismo, debe serlo también —y no un vicio— que me ame a mí mismo, puesto que también yo soy un ser humano. No hay ningún concepto del hombre en el que yo no esté incluido. Una doctrina que proclama tal exclusión demuestra ser intrínsecamente contradictoria. La idea expresada en el bíblico «Ama a tu prójimo como a ti mismo», implica que el respeto por la propia integridad y unicidad, el amor y la comprensión del propio sí mismo, no pueden separarse del respeto, el amor y la comprensión del otro individuo. El amor a sí mismo está inseparablemente ligado al amor a cualquier otro ser.

Hemos llegado ahora a las premisas psicológicas básicas que fundamentan las conclusiones de nuestro argumento. En términos generales, dichas premisas son las siguientes: no solo los demás, sino nosotros mismos, somos «objeto» de nuestros sentimientos y actitudes; las actitudes para con los demás y para con nosotros mismos, lejos de ser contradictorias, son básicamente *conjuntivas*. En lo que toca al problema que examinamos, eso significa: el amor a los demás y el amor a nosotros mismos no son alternativas. Por el contrario, en todo individuo capaz de amar a los demás se encontrará una actitud de amor a sí mismo. El *amor*, en principio, es *indivisible en lo que atañe a la conexión entre los «objetos» y el propio ser.* El amor genuino constituye una expresión de la productividad, y entraña cuidado, respeto, responsabilidad y conocimiento. No es un «afecto» en el sentido de que alguien nos afecte, sino un esforzarse activo arraigado en la propia capacidad de amar y que tiende al crecimiento y la felicidad de la persona amada.

Amar a alguien es la realización y concentración del poder de amar. La afirmación básica contenida en el amor se dirige hacia la persona amada como una encarnación de las cualidades esencialmente humanas. Amar a una persona implica amar al hombre como tal. El tipo de «división del trabajo», como lo llamó William James, que consiste en amar a la propia familia pero ser indiferente al «extraño», es un signo de una incapacidad básica de amar. El amor al hombre no es, como a menudo se supone, una abstracción que sigue al amor a una persona específica, sino que constituye su premisa, aunque genéticamente se adquiera al amar a individuos específicos.

De ello se deduce que mi persona debe ser un objeto de mi amor al igual que lo es otra persona. *La afirmación de la vida, la felicidad, el crecimiento y la libertad propios está arraigada en la propia capacidad de amar*, esto es, en el cuidado, el respeto, la responsabilidad y el conocimiento. Si un individuo es capaz de amar productivamente, también se ama a sí mismo; si *solo* ama a los demás, no puede amar en absoluto.

Dando por establecido que el amor a sí mismo y a los demás es conjuntivo, ¿cómo explicamos el egoísmo, que excluye evidentemente toda genuina preocupación por los demás? La persona *egoísta* solo se interesa por sí misma, desea todo para sí misma, no siente placer en dar, sino únicamente en tomar. Considera el mundo exterior solo desde el punto de vista de lo que puede obtener de él; carece de interés en las necesidades ajenas y de respeto por la dignidad e integridad de los demás. No ve más que a sí misma; juzga a todos según su utilidad; es básicamente incapaz de amar. ¿No prueba eso que la preocupación por los demás y por uno mismo son alternativas inevitables? Sería así si el egoísmo y el autoamor fueran idénticos. Pero tal suposición es precisamente la falacia que ha llevado a tantas conclusiones erróneas con respecto a nuestros problemas. *El egoísmo y el amor a sí mismo, lejos de ser idénticos, son realmente opuestos.* El individuo egoísta no se ama demasiado, sino muy poco; en realidad, se odia. Tal falta de cariño y cuidado por sí mismo, que no es sino la expresión de su falta de productividad, lo deja vacío y frustrado. Se siente necesariamente infeliz y ansiosamente preocupado por arrancar a la vida las satisfacciones que él se impide obtener. Parece preocuparse demasiado por sí mismo, pero, en realidad, solo realiza un fracasado intento de disimular y compensar su incapacidad de cuidar de su verdadero ser. Freud sostiene que el egoísta es narcisista, como si negara su amor a los demás y lo dirigiera hacia sí. *Es verdad que las personas egoístas son incapaces de amar a los demás, pero tampoco pueden amarse a sí mismas.*

Es más fácil comprender el egoísmo comparándolo con la ávida preocupación por los demás, como la que encontramos, por ejemplo, en una madre sobreprotectora. Si bien ella cree conscientemente que es en extremo cariñosa con su hijo, en realidad tiene una hostilidad hondamente reprimida contra el objeto de sus preocupaciones. Sus cuidados exagerados no obedecen a un amor excesivo al niño, sino a que debe compensar su total incapacidad de amarlo.

Esta teoría de la naturaleza del egoísmo surge de la experiencia psicoanalítica con la «generosidad» neurótica, un síntoma de neurosis observado en no pocas personas, que habitualmente no están perturbadas por ese síntoma, sino por otros relacionados con él, como depresión, fatiga, incapacidad de trabajar, fracaso en las relaciones amorosas, etc. No solo ocurre que no consideran esa generosidad como un «síntoma»; frecuentemente es el único rasgo caracterológico redentor del que esas personas se enorgullecen. La persona «generosa» «no quiere nada para sí misma»; «solo vive para los demás», está orgullosa de no considerarse importante. Le intriga descubrir que, a pesar de su generosidad, no es feliz, y que sus relaciones con los más íntimos allegados son insatisfactorias. La labor analítica demuestra que esa generosidad no es algo aparte de los otros síntomas, sino uno de ellos —de hecho, muchas veces es el más importante—; que la capacidad de amar o de disfrutar de esa persona está paralizada; que está llena de hostilidad hacia la vida y que, detrás de la fachada de generosidad, se oculta un intenso egocentrismo, sutil, pero no por ello menos intenso. Esa persona solo puede curarse si también su generosidad se interpreta como un síntoma junto con los demás, de modo que su falta de productividad, que está en la raíz de su generosidad y de las otras perturbaciones, pueda corregirse.

La naturaleza de esa generosidad se torna particularmente evidente en su efecto sobre los demás y, con mucha frecuencia en nuestra cultura, en el efecto que la madre «generosa» ejerce sobre sus hijos. Ella cree que, a través de su generosidad, sus hijos experimentarán lo que significa ser amado y aprenderán, a su vez, a amar. Sin embargo, el efecto de su generosidad no corresponde en absoluto a sus expectativas. Los niños no demuestran la felicidad de personas convencidas de que se los ama; están angustiados, tensos, temerosos de la desaprobación de la madre y ansiosos de responder a sus expectativas. Habitualmente, se sienten afectados por la oculta hostilidad de la madre contra la vida, que sienten, pero sin percibirla con claridad, y, eventualmente, se empapan de ella. En conjunto, el efecto producido por la madre «generosa» no es demasiado diferente del que ejerce la madre egoísta, y aún puede resultar más nefasto, puesto que la generosidad de la madre impide que los niños la critiquen. Se los coloca bajo la obligación de no desilusionarla; se les enseña, bajo la máscara de la virtud, a no disfrutar de la vida. Si se tiene la oportunidad de estudiar el efecto producido por una madre con genuino amor a sí misma, se ve que no hay nada que lleve más a un niño a la experiencia de lo que son la felicidad, el amor y la alegría, que el amor de una madre que se ama a sí misma.

El Maestro Eckhart sintetizó magníficamente estas ideas: «Si te amas a ti mismo, amas a todos los demás como a ti mismo. Mientras ames a otra persona menos que a ti mismo, no lograrás realmente amarte, pero si amas a todos por igual, incluyéndote a ti, los amarás como una sola persona y esa persona es a la vez Dios y el hombre. Así, pues, es una persona grande y virtuosa la que amándose a sí misma, ama igualmente a todos los demás».[15]

e. Amor a Dios

Dijimos antes que la base de nuestra necesidad de amar está en la experiencia de separatidad y la necesidad resultante de superar la angustia de la separatidad por medio de la experiencia de la unión. La forma religiosa del amor, lo que se denomina amor a Dios, es, desde el punto de vista psicológico, de índole similar. Surge de la necesidad de superar la separatidad y lograr la unión. En realidad, el amor a Dios tiene tantos aspectos y cualidades distintos como el amor al hombre —y en gran medida encontramos en él las mismas diferencias.

15. *Meister Eckhart* (versión inglesa de R.B. Blakney), Nueva York, Harper and Brothers, 1941, pág. 204.

En todas las religiones teístas, sean politeístas o monoteístas, Dios representa el valor supremo, el bien más deseable. Por lo tanto, el significado específico de Dios depende de cuál sea el bien más deseable para una determinada persona. La comprensión del concepto de Dios debe comenzar, en consecuencia, con un análisis de la estructura caracterológica de la persona que adora a Dios.

Hasta donde tenemos conocimiento al respecto, el desarrollo de la raza humana se puede caracterizar como la emergencia del hombre de la naturaleza, de la madre, de los lazos de la sangre y el suelo. En el comienzo de la historia humana, el hombre, si bien expulsado de la unidad original con la naturaleza, se aferra todavía a esos lazos primarios. Encuentra seguridad regresando o aferrándose a esos vínculos primitivos. Se siente identificado todavía con el mundo de los animales y de los árboles, y trata de lograr la unidad formando parte del reino natural. Muchas religiones primitivas son manifestaciones de esa etapa evolutiva. Un animal se transforma en un tótem; se utilizan máscaras de animales en los actos religiosos o en la guerra; se adora a un animal como dios. En una etapa posterior de evolución, cuando la habilidad humana se ha desarrollado hasta alcanzar la del artesano o el artista, cuando el hombre no depende ya exclusivamente de los dones de la naturaleza —la fruta que encuentra y el animal que mata—, el hombre transforma el producto de su propia mano en un dios. Es esa la etapa de la adoración de ídolos hechos de arcilla, plata u oro. El hombre proyecta sus poderes y habilidades propios en las cosas que hace, y así, a distancia, adora sus proezas, sus posesiones. En una etapa ulterior, el hombre da a sus dioses la forma de seres humanos. Parece que eso solo puede ocurrir cuando el hombre se ha tornado más consciente de sí mismo, y cuando ha descubierto al hombre como la «cosa» más elevada y digna en el mundo. En esa fase de adoración de un dios antropomórfico, encontramos una evolución de dos dimensiones. Una se refiere a la naturaleza femenina o masculina de los dioses, la otra al grado de madurez alcanzada por el hombre, grado que determina la naturaleza de sus dioses y la naturaleza de su amor a ellos.

Hablemos en primer término del paso desde las religiones matriarcales a las patriarcales. De acuerdo con los notables y decisivos descubrimientos de Bachofen y Morgan a mediados del siglo pasado, y a pesar de que la mayoría de los círculos académicos rechazó esos hallazgos, no parecen existir dudas acerca de la existencia de una fase matriarcal de la religión, anterior a la patriarcal, por lo menos en muchas culturas. En la fase matriarcal, el ser superior es la madre. Es la diosa, y asimismo la autoridad en la familia y la sociedad. Para comprender la esencia de la religión matriarcal basta recordar lo dicho sobre la esencia del amor materno. El amor de la madre es incondicional, y también es omniprotector y envolvente; como es incondicional, tampoco puede controlarse o adquirirse. Su presencia da a la persona amada una sensación de dicha; su ausencia produce un sentimiento de abandono y profunda desesperación. Puesto que la madre ama a sus hijos porque son sus hijos, y no porque sean «buenos», obedientes, o cumplan sus deseos y órdenes, el amor materno se basa en la igualdad. Todos los hombres son iguales, porque son todos hijos de una madre, porque todos son hijos de la Madre Tierra.

La etapa siguiente de la evolución humana, la única que conocemos plenamente y a cuyo respecto no tenemos necesidad de confiar en inferencias y reconstrucciones, es la fase patriarcal. En ella, la madre pierde su posición suprema y el padre se convierte en el Ser Supremo, tanto en la religión como en la sociedad. La naturaleza del amor del padre le hace tener exigencias, establecer principios y leyes, y que su amor al hijo dependa de la obediencia de este a sus demandas. Prefiere al hijo que más se le asemeja, al más obediente y capacitado para sucederlo, como heredero de todas sus posesiones. (El desarrollo de la sociedad patriarcal es paralelo al de la propiedad privada). Como consecuencia, la sociedad patriarcal es jerárquica; la igualdad de los hermanos se transforma en competencia y lucha mutua. Sea que consideremos las culturas india, egipcia o griega, o las religiones judeo-cristiana o islámica, nos encontramos en medio de un mundo patriarcal, con dioses masculinos, sobre los que reina un dios principal, o donde todos los dioses han sido eliminados menos Uno, *el* Dios. Sin embargo, puesto que es imposible arrancar del corazón humano el anhelo de amor materno, no es sorprendente que la figura de la madre amante no se haya podido expulsar totalmente del panteón. En la religión judía, los aspectos maternos de Dios vuelven a introducirse, en especial en las diversas corrientes místicas. En la religión católica, la Iglesia y la Virgen simbolizan a la Madre. Ni siquiera en el protestantismo permanece oculta. Lutero estableció como principio fundamental que nada de lo que el hombre *hace* puede procurarle el amor de Dios. El amor de Dios es Gracia, la actitud religiosa consiste en tener fe en esa gracia, y hacerse pequeño y desvalido; las buenas obras no pueden influir sobre Dios —o hacer que Dios nos ame, como postulan las doctrinas católicas—. Aquí es evidente que la doctrina católica de las buenas obras forma parte del cuadro patriarcal; es posible alcanzar el amor del padre mediante la obediencia y el cumplimiento de sus exigencias. La doctrina luterana, en cambio, a pesar de su manifiesto carácter patriarcal, contiene un elemento matriarcal soslayado. El amor de la madre no se puede adquirir; está ahí, o no; todo lo que puedo hacer es tener fe (como dice el salmista: «Sobre los pechos de mi madre, me hiciste estar confiado»),[16] y transformarme en una criatura desvalida e impotente. Pero la peculiaridad de la fe de Lutero consiste en que la figura de la madre desapareció del cuadro manifiesto y fue reemplazada por la del padre; en lugar de la cer-

16. *Salmos* 22, 10.

teza de ser amado por la madre, se convierte en rasgo fundamental la intensa duda, el esperar, contra toda esperanza, el amor incondicional del *padre*.

He tenido que examinar la diferencia entre los elementos matriarcales y patriarcales en la religión para mostrar que el carácter del amor a Dios depende de la respectiva gravitación de los aspectos matriarcales y patriarcales en la religión. El aspecto patriarcal me hace amar a Dios como a un padre; supongo que es justo y severo, que castiga y recompensa; y, evidentemente, que me elegirá como hijo favorito, tal como Dios eligió a Abraham-Israel, como Isaac eligió a Jacob, como Dios elige a su pueblo favorito. En el aspecto matriarcal de la religión, amo a Dios como a una madre omnímoda. Tengo fe en su amor y sé que pese a cuán pobre e impotente sea, a cuanto haya pecado, me amará y no amará a ninguno de sus otros hijos más que a mí; que, me ocurra lo que me ocurriere, me rescatará, me salvará, me perdonará. Innecesario es decir que mi amor hacia Dios y el amor de Dios a mí son inseparables. Si Dios es un padre, me ama como a un hijo, y yo lo amo como a un padre. Si Dios es una madre, este hecho determina su amor y mi amor.

Esa diferencia entre los aspectos maternos y paternos del amor a Dios es, empero, solo uno de los factores que determinan la naturaleza de ese amor; el otro factor es el grado de madurez alcanzado por el individuo y, por lo tanto, en su concepto de Dios y su amor a Dios.

Dado que la raza humana evolucionó desde una estructura societal centrada en la madre a una centrada en el padre, es principalmente en el desenvolvimiento de la religión patriarcal donde podemos observar el desarrollo de un amor maduro.[17] Al comienzo de esa evolución, encontramos un Dios despótico, celoso, que considera que el hombre que él ha creado es su propiedad, y que tiene derecho a hacer con él cuanto quiera. Es esa la fase religiosa en la que Dios arroja al hombre del paraíso, para que no coma del árbol del saber y se convierta así en Dios mismo; es la fase en la que Dios decide destruir la raza humana mediante el diluvio, porque ninguno de sus miembros le gusta, con la excepción de su hijo favorito, Noé; es la fase en la que Dios le exige a Abraham que mate a su único y amado hijo Isaac, para probar su amor por Él con un acto de total obediencia. Pero al mismo tiempo comienza una nueva etapa; Dios hace un pacto con Noé, por el cual le promete no volver a destruir jamás la raza humana, un pacto en el cual él mismo se compromete. No solo está atado por sus promesas, sino por su propio principio de justicia, y sobre esa base Dios debe so-

---

17. Eso es verdad especialmente en lo que atañe a las religiones monoteístas de Occidente. En las religiones indias, las figuras maternas han conservado buena parte de su influencia, por ejemplo, en la diosa Kali; en el budismo y en el taoísmo, el concepto de un dios —o de una diosa— carecía de significación esencial, si es que no había sido eliminado por completo.

meterse a la petición de Abraham de no destruir So-
doma si en ella hay por lo menos diez hombres jus-
tos. Pero la evolución va más allá de transformar a
Dios, de la figura de un despótico jefe de tribu en un
padre amante, en un padre que está sometido al principio que él mismo ha postulado; tiende a que Dios
deje de ser la figura de un padre y se convierta en el
símbolo de sus principios, los de justicia, verdad y
amor. Dios *es* verdad, Dios *es* justicia. En ese desarrollo, Dios deja de ser una persona, un hombre, un padre; se convierte en el símbolo del principio de unidad
subyacente a la multiplicidad de los fenómenos, de la
visión de la flor que crecerá de la semilla espiritual
que alberga el hombre en su interior. Dios no puede
tener un nombre. Un nombre siempre denota una
cosa, o una persona, algo finito. ¿Cómo puede Dios
tener un nombre, si no es una persona ni una cosa?

El incidente más notable de ese cambio es el relato bíblico de la revelación de Dios a Moisés. Cuando
Moisés le dice que los hebreos no creerán que Dios
lo ha enviado, a menos que pueda decirles el nombre
de Dios (¿cómo podrían los adoradores de ídolos
comprender un Dios sin nombre, puesto que la esencia misma de un ídolo es tener un nombre?), Dios
hace una concesión. Dice a Moisés que su nombre es
«Yo soy el que soy». «Yo soy el que seré es mi nombre». El «yo soy el que seré» significa que Dios no es
finito, que no es una persona, un «ser». La traducción más adecuada de la frase sería: dile que «mi
nombre es sinnombre». La prohibición de hacer

imágenes de Dios, de pronunciar su nombre en vano, y finalmente, de pronunciar su nombre en absoluto, apunta a la misma finalidad, la de liberar al hombre de la idea de que Dios es un padre, una persona. En el desarrollo teológico ulterior, la idea se transforma en el principio de que ni siquiera se deben dar a Dios atributos positivos. Decir que Dios es sabio, poderoso, bueno, implica nuevamente que es una persona; todo lo que puedo hacer es decir lo que Dios *no* es, enumerar sus atributos negativos, postular que *no* es limitado, que no es malo, que no es injusto. Cuanto más sé lo que Dios *no* es, mayor es mi conocimiento de Dios.[18]

Si seguimos la maduración de la idea monoteísta en sus consecuencias ulteriores, solo llegaremos a una conclusión: no mencionar para nada el nombre de Dios, no hablar *acerca* de Dios. Dios se convierte entonces en lo que es potencialmente para la teología monoteísta, el Uno sin nombre, un balbuceo inexpresable, que se refiere a la unidad subyacente en el universo fenoménico, la fuente de toda existencia; Dios se torna verdad, amor, justicia. Dios es yo, en la medida en que soy humano.

Es evidente que tal evolución desde el principio antropomórfico al puro monoteísmo establece una diferencia fundamental en la naturaleza del amor a Dios. El Dios de Abraham se puede amar o temer,

18. Véase el concepto de Maimónides de los atributos negativos de Dios en la *Guía de los Perplejos*.

como un padre, y su aspecto predominante es a veces la tolerancia, a veces la ira. En el grado en que Dios es el padre, yo soy el hijo. No he emergido plenamente del deseo autista de omnisciencia y omnipotencia. No he adquirido aún la objetividad necesaria para percatarme de mis limitaciones como ser humano, de mi ignorancia, mi desvalidez. Reclamo aún, como una criatura, que haya un padre que me rescate, que me vigile, que me castigue, un padre que me aprecie cuando soy obediente, que se sienta halagado por mis loas y enojado a causa de mi desobediencia. Es notorio que la mayoría de la gente no ha superado, en su evolución personal, esa etapa infantil, y de ahí que su fe en Dios signifique creer en un padre protector —una ilusión infantil—. Esta sigue siendo la forma predominante, a pesar del hecho de que algunos grandes maestros de la raza humana y un pequeño número de hombres hayan superado ese concepto de la religión.

En la medida en que las cosas son así, la crítica de la idea de Dios, tal como la expresó Freud, es correcta. El error, sin embargo, está en el hecho de que no tuvo en cuenta el otro aspecto de la religión monoteísta, y su verdadero núcleo, cuya lógica lleva exactamente a la negación de este concepto de Dios. La persona verdaderamente religiosa, que capta la esencia de la idea monoteísta, no reza por nada, no espera nada de Dios; no ama a Dios como un niño a su padre o a su madre; ha adquirido la humildad necesaria para percibir sus limitaciones, hasta el punto de saber que no sabe nada acerca de Dios. Dios se convierte para ella en un símbolo en el que el hombre, en una etapa más temprana de su evolución, ha expresado la totalidad de lo que se esfuerza por alcanzar, el reino del mundo espiritual, del amor, la verdad, la justicia. Tiene fe en los principios que «Dios» representa; piensa la verdad, vive el amor y la justicia, y considera que su vida toda es valiosa solo en la medida en que le da la oportunidad de llegar a un desenvolvimiento cada vez más pleno de sus poderes humanos —como la única realidad que cuenta, el único objeto de «fundamental importancia»—; y, finalmente, no habla de Dios —ni siquiera menciona su nombre—. Amar a Dios, si usara esa palabra, significaría entonces anhelar el logro de la plena capacidad de amar, para la realización de lo que «Dios» representa en uno mismo.

Desde ese punto de vista, la consecuencia lógica del pensamiento monoteísta es la negación de toda «teología», de todo «conocimiento de Dios». No obstante, sigue habiendo una diferencia entre tan radical concepción no-teológica y un sistema no-teísta, por ejemplo, en el budismo primitivo, o en el taoísmo.

En todos los sistemas teístas, aun los místicos y no-teológicos, existe el supuesto de la realidad del reino, espiritual, que trasciende al hombre, que da significado y validez a los poderes espirituales del hombre y a sus esfuerzos por alcanzar la salvación y el nacimiento interior. En un sistema no-teísta no existe un reino espiritual fuera del hombre o trascendente a él. El reino del amor, la razón y la justicia existen como una realidad únicamente porque el hombre ha podido desenvolver esos poderes en sí mismo a través del proceso de su evolución y solo en esa medida. En tal concepción, la vida no tiene otro sentido que el que el hombre le da; el hombre está completamente solo, salvo en la medida en que ayuda a otro.

Puesto que he hablado del amor a Dios, quiero aclarar que, personalmente, no pienso en función de un concepto teísta, y que, en mi opinión, el concepto de Dios es solo un concepto históricamente condicionado, en el que el hombre ha expresado su experiencia de sus poderes superiores, su anhelo de verdad y de unidad en determinado período histórico. Pero creo también que las consecuencias de un monoteísmo estricto y la preocupación fundamental no-teísta por la realidad espiritual son dos puntos de vista que, aunque diferentes, no se contradicen necesariamente.

Pero aquí surge otra dimensión de la cuestión del amor a Dios, que debemos analizar para medir la profundidad del problema. Me refiero a una diferencia fundamental en la actitud religiosa entre Oriente (China y la India) y Occidente, diferencia que cabe expresar en función de conceptos lógicos. Desde Aristóteles, el mundo occidental ha seguido los principios lógicos de la filosofía aristotélica. Esa lógica se basa en el principio de identidad que afirma que A es A, el principio de contradicción (A no es no A) y el principio del tercero excluido (A no puede ser A *y* no

A, tampoco A ni *no* A). Aristóteles explica claramente su posición en el siguiente pasaje: «Es imposible que una misma cosa simultáneamente pertenezca y no pertenezca a la misma cosa y en el mismo sentido, sin perjuicio de otras determinaciones que podrían agregarse para enfrentar las objeciones lógicas. Este es, entonces, el más cierto de todos los principios...».[19]

Este axioma de la lógica aristotélica está tan hondamente arraigado en nuestros hábitos de pensamiento que se siente como «natural» y autoevidente, mientras que, por otra parte, la confirmación de que X es A y no es A parece insensata. (Desde luego, la afirmación se refiere al sujeto X en un momento dado, no a X ahora y a X más tarde, o a un aspecto de X frente a otro aspecto).

En oposición a la lógica aristotélica, existe la que podríamos llamar *lógica paradójica*, que supone que A y no-A no se excluyen mutuamente como predicados de X. La lógica paradójica predominó en el pensamiento chino e indio, en la filosofía de Heráclito, y posteriormente, con el nombre de dialéctica, se convirtió en la filosofía de Hegel y de Marx. Lao-tsé formuló claramente el principio general de la lógica paradójica: «*Las palabras que son estrictamente verdaderas parecen ser paradójicas*».[20] Y Chuang-tzu:

19. Aristóteles, *Metafísica*, libro 3, 1005b, 20.
20. Lao-tsé, *The Tâo Teh King, The Sacred Books of the East*, F. M. Mueller (comp.), vol. XXXIX, Londres, OUP, 1927, pág. 120 (trad. cast.: *Tao the king*, Madrid, Siruela, 1998).

«Lo que es uno es uno. Aquello que es no-uno, también es uno». Tales formulaciones de la lógica paradójica son positivas: *es y no es*. Otras son negativas: *no es esto ni aquello*. Encontramos la primera expresión en el pensamiento taoísta, en Heráclito y en la dialéctica de Hegel; la segunda formulación es frecuente en la filosofía india.

Aunque estaría más allá de los propósitos de este libro intentar una descripción más detallada de la diferencia entre la lógica aristotélica y la paradójica, mencionaré unos pocos ejemplos para hacer más comprensible el principio. La lógica paradójica tiene en Heráclito su primera manifestación filosófica en el pensamiento occidental. Heráclito afirma que el conflicto entre los opuestos es la base de toda existencia. «Ellos no comprenden —dice— que el Uno total, divergente en sí mismo, es idéntico a sí mismo: *armonía de tensiones opuestas*, como en el arco y en la lira».[21] O aun con mayor claridad: «Nos bañamos en el mismo río y, sin embargo, no en el mismo; *somos nosotros y no somos nosotros*».[22] O bien: «Uno y lo mismo se manifiesta en las cosas como vivo y muerto, despierto y dormido, joven y viejo».[23]

En la filosofía de Lao-tsé la misma idea se expresa en una forma más poética. Un ejemplo característis-

21. W. Capelle, *Die Vorsokratiker*, Stuttgart, Alfred Kroener Verlag, 1953, pág. 134 (Mi traducción E.F.).

22. *Ibidem*, pág. 132.

23. *Ibidem*, pág. 133.

tico del pensamiento paradójico taoísta es el siguiente: «La gravedad es la raíz de la liviandad; la quietud es la rectora del movimiento».[24] O bien: «El Tao en su curso regular no hace nada y, por lo tanto, no hay nada que no haga».[25] O bien: «Mis palabras son muy fáciles de conocer y muy fáciles de practicar; pero no hay nadie en el mundo capaz de conocerlas y practicarlas».[26] En el pensamiento taoísta, así como en el pensamiento indio y socrático, el nivel más alto al que puede conducirnos el pensamiento es conocer lo que no conocemos: «Conocer y, no obstante [pensar] que no conocemos es el más alto [logro]; no conocer [y sin embargo pensar] que conocemos es una enfermedad».[27] Que el Dios supremo no se pueda nombrar no es sino una consecuencia de esa filosofía. La realidad final, lo Uno fundamental, no se puede encerrar en palabras o en pensamientos. Como dice Lao-tsé: «El Tao que puede ser hallado no es el Tao permanente y estable. El nombre que se puede nombrar no es el nombre permanente y estable».[28] O, en una formulación distinta: «Lo miramos y no lo vemos, y lo llamamos el "Ecuable". Lo escuchamos y no lo oímos, y lo llamamos el "Inaudible". Tratamos de captarlo, y no logramos hacerlo, y lo nombramos

24. *Mueller, op. cit.*, pág. 69.
25. *Ibidem*, pág. 79.
26. *Ibidem*, pág. 112.
27. *Ibidem*, pág. 113.
28. *Ibidem*, pág. 47.

LA TEORÍA DEL AMOR

el "Sutil". Con estas tres cualidades no puede ser sujeto de descripción; y por eso las fundimos y obtenemos El Uno».[29] Y aun otra formulación de la misma idea: «El que conoce [el Tao] no (necesita) hablar (sobre él); el que está [siempre dispuesto a] hablar sobre él no lo conoce».[30]

La filosofía brahmánica se preocupaba por la relación entre la multiplicidad (de los fenómenos) y la unidad (Brahma). Pero la filosofía paradójica no se debe confundir en la India ni en China con un punto de vista *dualista*. La armonía (unidad) consiste en la posición conflictual que la constituye. «El pensamiento brahmánico desde el principio giró alrededor de la paradoja de los antagonismos simultáneos —y no obstante— identidad de las fuerzas y formas manifiestas del mundo fenoménico...».[31] El poder esencial en el Universo y en el hombre trasciende tanto la esfera conceptual como la sensible. No es, por lo tanto, «ni esto ni aquello». Pero, como advierte Zimmer, «no hay antagonismo entre "real e irreal" en esta realización estrictamente nodualista».[32] En su búsqueda de la unidad más allá de la multiplicidad, los pensadores brahmánicos llegaron a la conclusión de que el par de opuestos que se percibe no refleja la

29. *Ibidem*, pág. 57.

30. *Ibidem*, pág. 100.

31. H.R. Zimmer, *Philosophies of India*, Nueva York, Pantheon Books, 1951.

32. *Ibidem*.

naturaleza de las cosas, sino la de la mente percipiente. El pensamiento percipiente debe trascenderse a sí mismo para alcanzar la verdadera realidad. La oposición es una categoría de la mente humana, no un elemento de la realidad. En el Rig-Veda, el principio se expresa en la siguiente forma: «Yo soy los dos, la fuerza vital y el material vital, los dos a la vez». La consecuencia extrema de la idea de que el pensamiento solo puede percibir en contradicciones aparece en forma aún más drástica en la teoría vedanta, que postula que el pensamiento —a pesar de su fino discernimiento— es «solo un más sutil horizonte de ignorancia, en realidad, el más sutil de todos los engañosos recursos de maya».[33]

La lógica paradójica tiene una significativa relación con el concepto de Dios. En el grado en que Dios representa la realidad esencial, y la mente humana percibe la realidad en contradicciones, no se puede hacer afirmación positiva alguna acerca de Dios. En los Vedas, la idea de un Dios omnisapiente y omnipotente se considera la forma más extrema de ignorancia.[34] Vemos aquí la conexión con la falta de nombre del Tao, el nombre innominado del Dios que se revela a Moisés, la «Nada absoluta» del Maestro Eckhart. El hombre solo puede conocer la negación, y nunca la posición de la realidad esencial. «Mientras tanto, el hombre no puede conocer lo que

33. *Ibidem*, pág. 424.
34. *Idem.*

Dios es, aunque tenga plena conciencia de lo que Dios no es... Así satisfecha con nada, la mente clama el bien supremo».[35] Para el Maestro Eckhart: «El Divino es una negación de las negaciones, y una negativa de las negativas... Todas las criaturas contienen una negación: una niega que es la otra».[36] Es tan solo como una consecuencia ulterior que Dios se convierte para el Maestro Eckhart en «La Nada absoluta», tal como la realidad esencial es el «En Sof», lo Sin Fin, para la Cábala.

He examinado la diferencia entre la lógica aristotélica y la paradójica con el propósito de preparar el terreno para una importante distinción en el concepto del amor a Dios. Los maestros de la lógica paradójica afirman que el hombre puede percibir la realidad solo en contradicciones, y que su *pensamiento* es incapaz de captar la realidad-unidad esencial, lo Uno mismo. Ello trajo como consecuencia que no se aspirase como finalidad última a descubrir la respuesta en el *pensamiento*. Este solo nos dice que no puede darnos la última respuesta. El mundo del pensamiento permanece envuelto en la paradoja. La única forma en que puede captarse el mundo en su esencia reside, no en el pensamiento, sino en el acto, en la experiencia de unidad. La lógica paradójica llega así a la con-

35. *Meister Eckhart*, Nueva York, Harper and Brothers, 1941, pág. 114.

36. *Ibidem*, pág. 247. Véase también la teología negativa de Maimónides.

clusión de que el amor a Dios no es el conocimiento de Dios mediante el pensamiento, ni el pensamiento del propio amor a Dios, sino el acto de experimentar la unidad con Dios.

Por lo tanto, lo más importante es la forma correcta de vivir. Toda la vida, cada acción, banal o importante, se dedica al conocimiento de Dios, pero no a un conocimiento por medio del pensamiento correcto, sino de la acción correcta. Las religiones orientales constituyen una clara ilustración de ese concepto. Tanto en el brahmanismo como en el budismo y el taoísmo, la finalidad fundamental de la religión no es la creencia correcta, sino la acción correcta. Lo mismo ocurre en la religión judía. Prácticamente no se registra en la tradición judía ningún cisma por cuestiones de creencia (la única gran excepción, la diferencia entre fariseos y saduceos, se produjo esencialmente entre dos clases sociales opuestas). La religión judía asignaba especial importancia (particularmente desde el comienzo de la era cristiana) a la forma correcta de vivir, el Halacha (palabra que, en realidad, tiene casi el mismo sentido que el Tao).

En la historia moderna, el mismo principio se expresa en el pensamiento de Spinoza, Marx y Freud. En la filosofía de Spinoza, el acento se traslada de la creencia correcta a la conducta correcta en la vida. Marx sostuvo idéntico principio cuando dijo: «Los filósofos han interpretado el mundo de distintas maneras; la tarea es transformarlo». La lógica paradójica de Freud lo llevó al proceso de la terapia psicoanalítica, la experiencia cada vez más profunda de uno mismo.

Desde el punto de vista de la lógica paradójica, lo fundamental no es el pensamiento, sino el acto. Tal actitud tiene diversas consecuencias. En primer término, llevó a la *tolerancia* que encontramos en el desarrollo religioso indio y chino. Si el pensamiento correcto no constituye la última verdad ni la forma de lograr la salvación, no hay razones que justifiquen el oponerse a los que han arribado a formulaciones distintas. Esa tolerancia está bellamente expresada en la historia de varios hombres a quienes se pidió que describieran un elefante en la oscuridad. Uno de ellos, tocándole la trompa, dijo: «Este animal es como una cañería»; otro, tocándole la oreja, dijo: «Este animal es como un abanico»; un tercero, tocándole las patas, lo describió como una columna.

En segundo lugar, el punto de vista paradójico llevó a dar más importancia al *hombre en transformación* que al desarrollo del *dogma*, por una parte, y de la *ciencia*, por la otra. Desde el punto de vista chino, indio y místico, la tarea religiosa del hombre no consiste en pensar bien, sino en obrar bien, y en llegar a ser uno con lo Uno en el acto de la meditación concentrada.

En lo que toca a la corriente principal del pensamiento occidental, cabe afirmar lo contrario. Puesto que se esperaba encontrar la verdad fundamental en el pensamiento correcto, otorgábase especial importancia al pensar, aunque también se valoraba la acción correcta. En la evolución religiosa, tal actitud condujo a la formación de dogmas, a interminables argumentos acerca de los principios dogmáticos, y a la intolerancia frente al «no creyente» o hereje. Más aún, llevó a considerar la «fe en Dios» como la principal finalidad de la actitud religiosa. Naturalmente, eso no significa que no existiese también el concepto de que se debía vivir correctamente. Pero, no obstante, la persona que creía en Dios —aunque no *viviera* a Dios— sentíase superior a los que vivían a Dios, pero no «creían» en él.

El énfasis puesto en el pensamiento posee asimismo otra consecuencia de importancia histórica. La idea de que se podía encontrar la verdad por medio del pensamiento llevó no solo al dogma, sino también a la ciencia. En la ciencia el pensamiento correcto es todo lo que cuenta, tanto en el sentido de la honestidad intelectual como en el de su aplicación a la práctica —esto es, a la técnica.

En resumen, la lógica paradójica llevó a la tolerancia y a un esfuerzo hacia la autotransformación. La consideración aristotélica condujo al dogma y a la ciencia, a la Iglesia católica, y al descubrimiento de la energía atómica.

Hemos explicado ya implícitamente las consecuencias de tal diferencia entre ambos puntos de vista en lo que se refiere al problema del amor a Dios, y solo es necesario resumirlas brevemente.

En el sistema religioso occidental predominante, el amor a Dios es esencialmente lo mismo que la fe en

Dios, en su existencia, en su justicia, en su amor. El amor a Dios es fundamentalmente una experiencia mental. En las religiones orientales y en el misticismo, el amor a Dios es una intensa experiencia afectiva de unidad, inseparablemente ligada a la expresión de ese amor en cada acto de la vida. La formulación más radical de esa meta pertenece al Maestro Eckhart: «Si, por lo tanto, me transformo en Dios y Él me hace uno Consigo mismo, entonces, por el Dios viviente, no hay distinción alguna entre nosotros... Alguna gente cree que va a ver a Dios, que va a ver a Dios como si él estuviera allí, y ellos aquí, pero eso no ha de ocurrir. Dios y yo somos uno. Al conocer a Dios, lo tomo en mí mismo. Al amar a Dios, penetro en Él».[37]

Podemos volver ahora a un importante paralelo entre el amor a los padres y el amor a Dios. Al comienzo, el niño está ligado a la madre como «fuente de toda existencia». Se siente desvalido y necesita el amor omnímodo de la madre. Luego se vuelca hacia el padre como nuevo centro de sus afectos, siendo el padre un principio rector del pensamiento y la acción; en esa etapa, lo impulsa la necesidad de conquistar el elogio del padre, y de evitar su disconformidad. En la etapa de la plena madurez, se ha liberado de las personas de la madre y del padre como poderes protector e imperativo; ha establecido en sí mismo los principios materno y paterno. Se ha convertido en su

37. *Meister Eckhart, op. cit.,* págs. 181-182.

propio padre y madre; *es* padre y madre. En la historia de la raza humana observamos —y podemos anticipar— idéntico desarrollo desde el comienzo del amor a Dios como la desamparada relación con una Diosa madre, a través de la obediencia a un Dios paternal, hasta una etapa madura en la que Dios deja de ser un poder exterior, en la que el hombre ha incorporado en sí mismo los principios de amor y justicia, en la que se ha hecho uno con Dios y, eventualmente, a un punto en que solo habla de Dios en un sentido poético y simbólico.

De tales consideraciones se deduce que el amor a Dios no puede separarse del amor a los padres. Si una persona no emerge de la relación incestuosa con la madre, el clan, la nación, si mantiene su dependencia infantil de un padre que castiga y recompensa, o de cualquier otra autoridad, no puede desarrollar un amor maduro a Dios; su religión es, entonces, la que corresponde a la primera fase religiosa, en la que se experimentaba a Dios como a una madre protectora o un padre que castiga y recompensa.

En la religión contemporánea encontramos todas las fases, desde la más antigua y primitiva hasta la más elevada. La palabra «Dios» denota el jefe de tribu tanto como la «Nada absoluta». En igual forma, cada individuo conserva en sí mismo, en su inconsciente, como lo ha demostrado Freud, todas las etapas desde la del infante desvalido en adelante. La cuestión es hasta qué punto ha crecido. Una cosa es segura: la naturaleza de su amor a Dios corresponde a la naturaleza de su amor al hombre, y, además, la verdadera cualidad de su amor a Dios y al hombre es con frecuencia inconsciente —encubierta y racionalizada por una idea más madura de lo que su amor es—. El amor al hombre, además, si bien directamente arraigado en sus relaciones con su familia, está determinado, en última instancia, por la estructura de la sociedad en que vive. Si la estructura social es de sumisión a la autoridad —autoridad manifiesta o autoridad anónima de la opinión pública y del mercado—, su concepto de Dios será infantil y estará muy alejado del concepto maduro, cuyas semillas se encuentran en la historia de la religión monoteísta.

Capítulo 3

EL AMOR Y SU DESINTEGRACIÓN EN LA SOCIEDAD OCCIDENTAL CONTEMPORÁNEA

Si el amor es una capacidad del carácter maduro, productivo, de ello se sigue que la capacidad de amar de un individuo perteneciente a cualquier cultura dada depende de la influencia que esa cultura ejerce sobre el carácter de la persona media. Al hablar del amor en la cultura occidental contemporánea, entendemos que se trata de preguntar si la estructura social de la civilización occidental y el espíritu que de ella resulta llevan al desarrollo del amor. Plantear tal interrogante es contestarlo negativamente. Ningún observador objetivo de nuestra vida occidental puede dudar de que el amor —fraterno, materno y erótico— es un fenómeno relativamente raro, y que en su lugar hay cierto número de formas de pseudoamor, que son, en realidad, otras tantas formas de la desintegración del amor.

La sociedad capitalista se basa en el principio de libertad política, por un lado, y del mercado como regulador de todas las relaciones económicas, y por lo tanto, sociales, por el otro. El mercado de productos determina las condiciones que rigen el intercambio de mercancías, y el mercado del trabajo regula la adquisición y venta de la mano de obra. Tanto las cosas útiles como la energía y la habilidad humanas se transforman en artículos que se intercambian sin utilizar la fuerza y sin fraude en las condiciones del mercado. Los zapatos, por útiles y necesarios que sean, carecen de valor económico (valor de intercambio) si no hay demanda de ellos en el mercado; la energía y la habilidad humanas no tienen valor de intercambio si no existe demanda en las condiciones existentes en el mercado. El poseedor de capital puede comprar mano de obra y hacerla trabajar para la provechosa inversión de su capital. El poseedor de mano de obra debe venderla a los capitalistas según las condiciones existentes en el mercado, o pasará hambre. Tal estructura económica se refleja en una jerarquía de valores. El capital domina el trabajo; las cosas acumuladas, lo que está muerto, tienen más valor que el trabajo, los poderes humanos, lo que está vivo.

Tal ha sido la estructura básica del capitalismo desde sus comienzos. Y si bien caracteriza todavía el capitalismo moderno, se han modificado ciertos factores que dan al capitalismo contemporáneo sus cualidades específicas y ejercen una honda influencia sobre la estructura caracterológica del hombre moderno. Como resultado del desarrollo del capitalismo, presenciamos un proceso siempre creciente de centralización y concentración del capital. Las grandes empresas se expanden continuamente, mientras las pequeñas se asfixian. La posesión del capital invertido en tales empresas está cada vez más separada de la función de administrarlas. Cientos de miles de accionistas «poseen» la empresa; una burocracia administrativa bien pagada, pero que no posee la empresa, la maneja. Esa burocracia está menos interesada en obtener beneficios máximos que en la expansión de la empresa, y en su propio poder. La concentración creciente de capital y el surgimiento de una poderosa burocracia administrativa corren parejas con el desarrollo del movimiento laboral. A través de la sindicalización del trabajo, el trabajador individual no tiene que comerciar por y para sí mismo en el mercado laboral; pertenece a grandes sindicatos, dirigidos también por una poderosa burocracia que lo representa ante los colosos industriales. La iniciativa ha pasado, para bien o para mal, del individuo a la burocracia, tanto en lo que respecta al capital como al trabajo. Un número cada vez mayor de individuos deja de ser independiente y comienza a depender de quienes dirigen los grandes imperios económicos.

Otro rasgo decisivo que resulta de esa concentración del capital, y característico del capitalismo moderno, es la forma específica de la organización del trabajo. Empresas sumamente centralizadas con una división radical del trabajo conducen a una organización donde el trabajador pierde su individualidad, en la que se convierte en un engranaje no indispensable de la máquina. El problema humano del capitalismo moderno puede formularse de la siguiente manera:

El capitalismo moderno necesita hombres que cooperen mansamente y en gran número; que quieran consumir cada vez más; y cuyos gustos estén estandarizados y puedan modificarse y anticiparse fácilmente. Necesita hombres que se sientan libres e independientes, no sometidos a ninguna autoridad, principio o conciencia moral —dispuestos, empero, a que los manejen, a hacer lo que se espera de ellos, a encajar sin dificultades en la maquinaria social—; a los que se pueda guiar sin recurrir a la fuerza, conducir, sin líderes, impulsar sin finalidad alguna —excepto la de cumplir, apresurarse, funcionar, seguir adelante.

¿Cuál es el resultado? El hombre moderno está enajenado de sí mismo, de sus semejantes y de la naturaleza.[1] Se ha transformado en un artículo, experimenta sus fuerzas vitales como una inversión que debe producirle el máximo de beneficios posible en las condiciones imperantes en el mercado. Las relaciones humanas son esencialmente las de autómatas enajenados, en las que cada uno basa su seguridad en mantenerse cerca del rebaño y en no diferir en el pensamiento, el sentimiento o la acción. Al mismo tiempo que todos tratan de estar tan cerca de los demás como sea posible, todos permanecen tremendamente

---

1. Véase un estudio más detallado del apartamiento y de la influencia de la sociedad moderna sobre el carácter del hombre en mi libro *The Sane Society,* Nueva York, Rinehart and Company, 1955.

solos, invadidos por el profundo sentimiento de inseguridad, de angustia y de culpa que surge siempre que es imposible superar la separatidad humana. Nuestra civilización ofrece muchos paliativos que ayudan a la gente a ignorar conscientemente esa soledad: en primer término, la estricta rutina del trabajo burocratizado y mecánico, que ayuda a la gente a no tomar conciencia de sus deseos humanos más fundamentales, del anhelo de trascendencia y unidad. En la medida en que la rutina sola no basta para lograr ese fin, el hombre se sobrepone a su desesperación inconsciente por medio de la rutina de la diversión, la consumición pasiva de sonidos y visiones que ofrece la industria del entretenimiento; y, además, por medio de la satisfacción de comprar siempre cosas nuevas y cambiarlas inmediatamente por otras. El hombre moderno está actualmente muy cerca de la imagen que Huxley describe en *Un mundo feliz*: bien alimentado, bien vestido, sexualmente satisfecho, y no obstante sin yo, sin contacto alguno, salvo el más superficial, con sus semejantes, guiado por los lemas que Huxley formula tan sucintamente, tales como: «Cuando el individuo siente, la comunidad tambalea»; o: «Nunca dejes para mañana la diversión que puedes conseguir hoy»; o, como afirmación final: «Todo el mundo es feliz hoy en día». La felicidad del hombre moderno consiste en «divertirse». Divertirse significa la satisfacción de consumir y asimilar artículos, espectáculos, comida, bebidas, cigarrillos, gente, conferencias, libros, películas; todo se consume, se traga. El mundo es un enorme objeto de nuestro apetito, una gran manzana, una gran botella, un enorme pecho; todos succionamos, los eternamente expectantes, los esperanzados —y los eternamente desilusionados—. Nuestro carácter está equipado para intercambiar y recibir, para traficar y consumir; todo, tanto los objetos materiales como los espirituales, se convierten en objeto de intercambio y de consumo.

La situación en lo que atañe al amor corresponde, inevitablemente, al carácter social del hombre moderno. Los autómatas no pueden amar, pueden intercambiar su «bagaje de personalidad» y confiar en que la transacción sea equitativa. Una de las expresiones más significativas del amor, y en especial del matrimonio con esa estructura enajenada, es la idea del «equipo». En innumerables artículos sobre el matrimonio feliz, el ideal descrito es el de un equipo que funciona sin dificultades. Tal descripción no difiere demasiado de la idea de un empleado que trabaja sin inconvenientes; debe ser «razonablemente independiente», cooperativo, tolerante, y al mismo tiempo ambicioso y agresivo. Así, el consejero matrimonial nos dice que el marido debe «comprender» a su mujer y ayudarla. Debe comentar favorablemente su nuevo vestido, y un plato sabroso. Ella, a su vez, debe mostrarse comprensiva cuando él llega a su hogar fatigado y de mal humor, debe escuchar atentamente sus comentarios sobre sus problemas en el trabajo, no debe mostrarse enojada sino comprensiva cuando él olvida su cumpleaños. Ese tipo de relacio-

nes no significa otra cosa que una relación bien acei-
tada entre dos personas que siguen siendo extrañas
toda su vida, que nunca logran una «relación central», sino que se tratan con cortesía y se esfuerzan
por hacer que el otro se sienta mejor.

En ese concepto del amor y el matrimonio, lo
más importante es encontrar un refugio de la sensación de soledad que, de otro modo, sería intolerable.
En el «amor» se encuentra, al fin, un remedio para la
soledad. Se establece una alianza de dos contra el
mundo, y se confunde ese egoísmo *à deux* con amor
e intimidad.

La importancia que se otorga al espíritu de equipo, la tolerancia mutua, etc., es algo relativamente re-
ciente. Lo precedió, en los años que siguieron a la
Primera Guerra Mundial, un concepto del amor en el
que la mutua satisfacción sexual se suponía la base de
las relaciones amorosas satisfactorias, y, especialmente, de un matrimonio feliz. Se creía que las causas de los frecuentes fracasos matrimoniales obede-
cían a que la pareja no había logrado una adecuada
«adaptación sexual», lo cual se atribuía, a su vez, a la
ignorancia respecto de la conducta sexual «correcta»,
y, por ende, a una teoría sexual defectuosa de una o
las dos partes. Con el fin de «curar» esa inadaptación
y de ayudar a parejas desgraciadas que no podían amarse mutuamente, se publicaron muchos libros que da-
ban instrucciones y consejos referentes a la conducta
sexual apropiada, y prometían implícita o explícitamente la felicidad y el amor como resultados. Se par-

tía del principio de que el amor es el hijo del placer sexual, y que dos personas se amarán si aprenden a satisfacerse recíprocamente en el aspecto sexual. Correspondía a la ilusión general de la época suponer que el uso de las técnicas adecuadas es la solución no solo de los problemas técnicos de la producción industrial, sino también de todos los problemas humanos. Se desconocía totalmente el hecho de que la verdad es precisamente lo contrario.

El amor no es el resultado de la satisfacción sexual adecuada; por el contrario, la felicidad sexual —y aun el conocimiento de la llamada técnica sexual— es el resultado del amor. Si aparte de la observación diaria fueran necesarias más pruebas en apoyo de esa tesis, podrían encontrarse en el vasto material de los datos psicoanalíticos. El estudio de los problemas sexuales más frecuentes —frigidez en las mujeres y las formas más o menos serias de impotencia psíquica en los hombres—, demuestra que la causa no radica en una falta de conocimiento de la técnica adecuada, sino en las inhibiciones que impiden amar. El temor o el odio al otro sexo están en la raíz de las dificultades que impiden a una persona entregarse por completo, actuar espontáneamente, confiar en el compañero sexual, en lo inmediato y directo de la unión sexual. Si una persona sexualmente inhibida puede dejar de temer u odiar, y tornarse entonces capaz de amar, sus problemas sexuales están resueltos. Si no, ningún conocimiento sobre técnicas sexuales le servirá de ayuda.

Pero si bien los datos de la terapia psicoanalítica señalan la falacia de la idea de que el conocimiento de la técnica sexual apropiada conduce a la felicidad sexual y al amor, la suposición subyacente de que el amor es el concomitante de la mutua satisfacción sexual está determinada en alto grado por las teorías de Freud. Para Freud, el amor es básicamente un fenómeno sexual. «El hombre, al descubrir por experiencia que el amor sexual (genital) le proporcionaba su gratificación máxima, de modo que se convirtió en realidad de un prototipo de toda felicidad para él, debió, en consecuencia, haberse visto impelido a buscar su felicidad por el camino de las relaciones sexuales, a hacer de su erotismo genital el punto central de su vida».[2] Para Freud, la experiencia del amor fraterno es un producto del amor sexual, pero en el cual el instinto sexual se transforma en un impulso con «finalidad inhibida». «Originalmente, el amor con una finalidad inhibida estaba sin duda lleno de amor sensual, y lo sigue estando aún en el inconsciente del hombre».[3] En lo que atañe al sentimiento de fusión, de unidad («sentimiento oceánico»), que constituye la esencia de la experiencia mística y la raíz de la más intensa sensación de unión con otra persona o con nuestros semejantes, Freud lo interpreta como un fenómeno

2. S. Freud, *Civilization and Its Discontents* (versión inglesa de J. Rivière), Londres, The Hogarth Press, 1953, pág. 68 (trad. cast.: *El malestar en la cultura*, Madrid, Biblioteca Nueva, 1999).

3. *Ibidem*, pág. 69.

patológico, como una regresión a un estado de temprano «narcisismo ilimitado».[4]

Freud está solo a un paso de afirmar que el amor es en sí mismo un fenómeno irracional. Para él no existe diferencia entre el amor irracional y el amor como una expresión de la personalidad madura. En un trabajo sobre el amor transferencial,[5] señaló que este no difiere esencialmente del fenómeno «normal» del amor. Enamorarse linda siempre con lo anormal, siempre se acompaña de ceguera a la realidad, compulsividad, y constituye una transferencia de los objetos amorosos de la infancia. El amor como fenómeno racional, como máximo logro de la madurez, no es, para Freud, materia de investigación, puesto que no tiene existencia real.

Sin embargo, sería un error sobrestimar la influencia de las ideas de Freud sobre el concepto de que el amor es el resultado de la atracción sexual, o de que es lo *mismo* que la satisfacción sexual, reflejada en el sentimiento consciente. Esencialmente, el nexo causal siguió la dirección opuesta. Las ideas de Freud sufrieron en parte la influencia del espíritu del siglo XIX, en parte se hicieron populares a través de las tendencias predominantes en los años que siguieron a la Primera Guerra Mundial. Algunos de los factores que influyeron tanto sobre el concepto popular como so-

4. *Ibidem*, pág. 21.
5. Freud, *Gesammelte Werke*, Londres, 1940-1952, Vol. X (trad. cast.: *Obras completas*, Madrid, Biblioteca Nueva).

bre el freudiano fueron, en primer término, una reacción contra las estrictas normas de la era victoriana. El segundo factor determinante de las teorías de Freud reside en el concepto de hombre prevaleciente, concepto que se basa en la estructura del capitalismo. A fin de demostrar que el capitalismo corresponde a las necesidades naturales del hombre, había que probar que el hombre era por naturaleza competitivo y hostil a los demás. Mientras los economistas «demostraban» esto en función del insaciable deseo de beneficios económicos, y los darwinistas en función de la ley biológica de la supervivencia del más apto, Freud llegó a idéntico resultado partiendo de la suposición de que el hombre está movido por un insaciable deseo de conquista sexual de todas las mujeres, y que solo la presión de la sociedad le impide obrar de acuerdo con sus deseos. Como resultado, los hombres son necesariamente celosos los unos de los otros, y los celos y la competencia recíprocos subsistirían aunque todas sus causas sociales y económicas desaparecieran.[6]

Con el tiempo, el pensamiento freudiano acusó una marcada influencia del tipo de materialismo predominante en el siglo XIX. Se creía que el sustrato de

---

6. El único discípulo de Freud que nunca se separó de su maestro y que, no obstante, en los últimos años de su vida modificó sus puntos de vista sobre el amor fue Sándor Ferenczi. Un excelente estudio sobre este tema se encontrará en *The Leaven of Love*, de Izette de Forest, Nueva York, Harper and Brothers, 1954.

todos los fenómenos mentales se encontraba en los
fenómenos fisiológicos; por consiguiente, Freud con-
sideró el amor, el odio, la ambición, los celos, como
otros tantos productos de las diversas formas del instinto sexual. No vio que la realidad básica está en la
totalidad de la existencia humana; en primer término,
en la situación humana común a todos los hombres, en
segundo lugar, en la práctica de vida determinada por
la estructura específica de la sociedad. (Marx dio un
paso decisivo más allá de ese tipo de materialismo, en
su propio «materialismo histórico», según el cual ni
el cuerpo, ni un instinto tal como la necesidad de alimento o posesiones, constituye la clave de la comprensión del hombre, sino la totalidad del proceso
vital del hombre, su «práctica de la vida»). Según
Freud, la satisfacción plena y desinhibida de todos
los deseos instintivos aseguraría la salud mental y la
felicidad. Pero hechos clínicos obvios muestran que
los hombres —y las mujeres— que dedican su vida a
la satisfacción sexual sin restricciones no son felices,
y que a menudo sufren graves síntomas y conflictos
neuróticos. La gratificación completa de todas las
necesidades instintivas no solo no constituye la base
de la felicidad, sino que ni siquiera garantiza la salud
mental. Las tesis freudianas pudieron llegar a popu-
larizarse tan solo en el período que siguió a la Primera Guerra Mundial, a causa de los cambios ocurridos
en el espíritu del capitalismo, del énfasis en ahorrar al
énfasis en gastar, de la autofrustración como medio
de lograr el éxito económico al consumo como base

de un mercado en constante expansión y como principal satisfacción para el individuo angustiado, automatizado. Tanto en la esfera de lo sexual cuanto en la del consumo material, la tendencia fundamental era no postergar la satisfacción de ningún deseo.

Es interesante comparar los conceptos de Freud, que corresponden al espíritu del capitalismo tal como existía aún intacto, en los comienzos de este siglo, con los conceptos teóricos de uno de los más brillantes psicoanalistas contemporáneos, ya fallecido, H.S. Sullivan. En el sistema psicoanalítico de Sullivan encontramos, en contraste con el de Freud, una estricta división entre sexualidad y amor.

¿Qué significado tienen el amor y la intimidad en el concepto de Sullivan? «Intimidad es un tipo de situación que comprende a dos personas y que permite la validación de todos los componentes de la excelencia personal. Tal validación requiere un tipo de relación que llamo colaboración, entendiendo por ella adaptaciones formuladas de la propia conducta a necesidades manifiestas de la otra persona, en persecución de satisfacciones cada vez más idénticas, esto es, satisfacciones cada vez más mutuas, y para el mantenimiento de operaciones de seguridad más y más similares».[7] Si liberamos ese pasaje de su lengua-

7. H.S. Sullivan, *The Interpersonal Theory of Psychiatry*, Nueva York, W.W. Norton Co., 1953, pág. 246. Debe notarse que, aunque Sullivan da esta definición en relación con los impulsos de la preadolescencia, habla de ellos como tendencias ne-

je algo complicado, la esencia del amor se ve en una situación de colaboración, en la que dos personas sienten: «Seguimos las reglas del juego para conservar nuestro prestigio y sentimiento de superioridad y mérito».[8]

Así como el concepto freudiano del amor es una descripción de la experiencia del varón patriarcal en términos del capitalismo del siglo XIX, así la descripción de Sullivan se refiere a la experiencia de la personalidad enajenada y mercantil del siglo XX. Es la descripción de un «egotismo *à deux*», de dos personas que aman sus intereses comunes y se unen frente a un mundo hostil y enajenado. En realidad, su definición de la intimidad es en principio válida para el sentimiento de cualquier equipo cooperativo, en el que todos «adaptan su conducta a las necesidades manifiestas de la otra persona, en persecución de finalidades comunes» (es notable que Sullivan hable aquí de necesidades *manifiestas*, cuando lo menos que puede decirse del amor es que implica una reacción a las necesidades *inexpresadas* entre dos seres).

---

gativas que aparecen durante la preadolescencia, «que cuando están completamente desarrolladas, denominamos amor», y dice que ese amor de la preadolescencia «representa el comienzo de algo muy similar al *amor* pleno, psiquiátricamente definido».

8. *Ibidem*, pág. 246. Otra definición del amor según Sullivan: el amor comienza cuando una persona siente que las necesidades de otra persona son tan importantes como las propias. Está menos coloreada por el aspecto mercantil que la formulación anterior.

El amor como satisfacción sexual recíproca, y el amor como «trabajo en equipo» y como un refugio de la soledad, constituyen las dos formas «normales» de la desintegración del amor en la sociedad occidental contemporánea, de la patología del amor socialmente determinado. Hay muchas formas individualizadas de la patología del amor, que ocasionan sufrimientos conscientes y que tanto los psiquiatras como muchos legos consideran neuróticas. Algunas de las más frecuentes se describen brevemente en los siguientes ejemplos.

La condición básica del amor neurótico radica en el hecho de que uno o los dos «amantes» han permanecido ligados a la figura de un progenitor y transfieren los sentimientos, expectativas y temores que una vez tuvieron frente al padre o la madre, a la persona amada en la vida adulta; tales personas no han superado el patrón de relación infantil, y aspiran a repetirlo en sus exigencias afectivas en la vida adulta. En tales casos, la persona sigue siendo, desde el punto de vista afectivo, una criatura de dos, cinco o doce años, mientras que, intelectual y socialmente, está al nivel de su edad cronológica. En los casos más graves, esa inmadurez emocional conduce a perturbaciones en su afectividad social; en los más leves, el conflicto se limita a la esfera de las relaciones personales íntimas.

Con respecto a nuestro previo análisis de la personalidad centrada en la madre o en el padre, el siguiente ejemplo de ese tipo de relación neurótica amorosa frecuente hoy en día, se refiere a los hombres que, en su desarrollo emocional, han permanecido fijados a una relación infantil con la madre. Se trata de hombres que, por así decir, nunca fueron destetados; siguen sintiendo como niños; quieren la protección, el amor, el calor, el cuidado y la admiración de la madre; quieren el amor incondicional de la madre, un amor que se da por la única razón de que ellos lo necesitan, porque son sus hijos, porque están desvalidos. Tales individuos suelen ser muy afectuosos y encantadores cuando tratan de lograr que una mujer los ame, y aun después de haberlo logrado. Pero su relación con la mujer (como, en realidad, con toda la gente) es superficial e irresponsable. Su finalidad es ser amados, no amar. Suele haber mucha vanidad en ese tipo de hombre e ideas grandiosas más o menos soslayadas. Si han encontrado a la mujer adecuada, se sienten seguros, en la cima del mundo, y pueden desplegar gran cantidad de afecto y encanto, por lo cual suelen ser engañosos. Pero cuando, después de un tiempo, la mujer deja de responder a sus fantásticas aspiraciones, comienzan a aparecer conflictos y resentimientos. Si la mujer no los admira continuamente, si reclama una vida propia, si quiere sentirse amada y protegida, y en los casos extremos, si no está dispuesta a tolerar sus asuntos amorosos con otras mujeres (o aun a admirar su interés por ellas), el hombre se siente hondamente herido y desilusionado, y habitualmente racionaliza ese sentimiento con la idea de que la mujer «no lo ama, es egoísta o dominadora». Todo lo que no corresponda a la actitud de la madre amante hacia un hijo encantador, se toma como prueba de falta de amor. Esos hombres suelen confundir su conducta afectuosa, su deseo de complacer, con genuino amor, y llegan así a la conclusión de que se los trata injustamente; imaginan ser grandes amantes y se quejan amargamente de la ingratitud de su compañera.

En casos excepcionales, una persona fijada a la madre puede vivir sin perturbaciones serias. Si su madre, en realidad, lo «amó» de una manera sobreprotectora (siendo quizá dominante, pero no destructiva), si él encuentra una esposa del mismo tipo maternal, si sus dones y talentos especiales le permiten utilizar su encanto y ser admirado (como ocurre con la mayoría de los políticos de éxito), estará «bien adaptado» en el sentido social, aunque sin alcanzar nunca un nivel de madurez. Pero en condiciones menos favorables, que son, desde luego, las más frecuentes, su vida amorosa, si no su vida social, es una profunda desilusión; surgen conflictos, y a menudo angustia y depresión intensas cuando este tipo de personalidad se queda solo.

En otra forma aún más grave de la patología, la fijación a la madre es más profunda e irracional. En ese nivel, el deseo no consiste, hablando simbólicamente, en volver a los brazos protectores de la madre, a su pecho nutritivo, sino a sus entrañas que todo lo reciben —y todo lo destruyen—. Si la naturaleza de la salud mental consiste en salir de las entrañas al mundo, la naturaleza de la enfermedad mental aguda

es la atracción hacia las entrañas, a introducirse nuevamente en ellas —y eso equivale a ser arrebatado de
la vida—. Tal tipo de fijación se produce frecuentemente en la relación con madres que tienen con los
hijos una actitud absorbente y destructiva. A veces,
en nombre del amor, otras, en nombre del deber,
quieren mantener al niño, al adolescente, al hombre,
dentro de ellas; este no tendría que respirar sino a
través de la madre; no debería amar, sino en un nivel
sexual superficial —degradando a todas las otras mujeres—; no debe ser libre e independiente, sino un
eterno inválido o un criminal.

Esa actitud de la madre, absorbente y destructiva,
constituye el aspecto negativo de la figura materna.
La madre puede dar vida, también puede tomarla. Es
ella quien revive, y ella quien destruye; puede hacer
milagros de amor —y nadie puede herir tanto como
ella—. En las imágenes religiosas (tales como la diosa hindú Kali) y en el simbolismo onírico, suelen encontrarse los dos aspectos opuestos de la madre.

Los casos en que la relación principal se establece
con el padre ofrecen otra forma de patología neurótica.

Un caso ilustrativo es el de un hombre cuya madre es fría e indiferente, mientras que el padre (en
parte como consecuencia de la frialdad de la madre)
concentra todo su afecto e interés en el hijo. Es un
«buen padre», pero, al mismo tiempo, autoritario.
Cuando está complacido con la conducta de su hijo, lo
elogia, le hace regalos, es afectuoso; cuando el hijo le
da un disgusto, se aleja de él o lo reprende. El hijo,

que solo cuenta con el afecto del padre, se comporta frente a este como un esclavo. Su finalidad principal en la vida es complacerlo, y cuando lo logra, es feliz, seguro y satisfecho. Pero cuando comete un error, fracasa o no logra complacer al padre, se siente disminuido, rechazado, abandonado. En los años posteriores, ese hombre tratará de encontrar una figura paterna con la que pueda mantener una relación similar. Toda su vida se convierte en una serie de altos y bajos, según que haya logrado o no ganar el elogio del padre. Tales individuos suelen tener mucho éxito en su carrera social. Son escrupulosos, afanosos, dignos de confianza —siempre y cuando la imagen paternal que han elegido sepa manejarlos—. Pero en su relación con las mujeres, permanecen apartados y distantes. La mujer no posee una importancia central para ellos; suelen sentir un leve desprecio por ella, generalmente oculto por una preocupación paternal por las jovencitas. Su cualidad masculina puede impresionar inicialmente a una mujer, pero esta pronto se desilusiona, cuando descubre que está destinada a desempeñar un papel secundario al afecto fundamental por la figura paterna que predomina en la vida de su esposo en un momento dado; las cosas ocurren así, a menos que ella misma esté aún ligada a su padre y se sienta por lo tanto feliz junto a un hombre que la trata como a una niña caprichosa.

Más complicada es la clase de perturbación neurótica que aparece en el amor basado en una situación paterna de distinto tipo, que se produce cuando los padres no se aman, pero son demasiado reprimidos para tener peleas o manifestar signos exteriores de insatisfacción. Al mismo tiempo, su alejamiento les quita espontaneidad en la relación con los hijos. Lo que una niña experimenta es una atmósfera de «corrección», pero nunca le permite un contacto íntimo con el padre o la madre y por consiguiente la desconcierta y atemoriza. Nunca está segura de lo que sus padres sienten o piensan; siempre hay un elemento desconocido, misterioso, en la atmósfera. Como resultado, la niña se retrae en un mundo propio, tiene ensoñaciones, permanece alejada; y su actitud será la misma en las relaciones amorosas posteriores.

Además, la retracción da lugar al desarrollo de una angustia intensa, de un sentimiento de no estar firmemente arraigada en el mundo, y suele llevar a tendencias masoquistas como la única forma de experimentar una excitación intensa. Tales mujeres prefieren por lo general que el esposo les haga una escena y les grite, a que mantenga una conducta más normal y sensata, porque al menos eso las libera de la carga de tensión y miedo; incluso a veces llegan a provocar esa conducta, con el fin de terminar con el atormentador suspenso de la neutralidad afectiva.

En los párrafos siguientes se describen otras formas frecuentes de amor irracional, sin entrar a analizar los factores específicos del desarrollo infantil que las originan.

Una forma de pseudoamor, que no es rara y suele experimentarse (y más frecuentemente describirse en las películas y las novelas) como el «gran amor», es el *amor idolátrico*. Si una persona no ha alcanzado el nivel correspondiente a una sensación de identidad, de yoidad, arraigada en el desenvolvimiento productivo de sus propios poderes, tiende a «idolizar» a la persona amada. Está enajenada de sus propios poderes y los proyecta en la persona amada, a quien adora como al *summum bonum*, portadora de todo amor, toda luz y toda dicha. En ese proceso, se priva de toda sensación de fuerza, se pierde a sí misma en la persona amada, en lugar de encontrarse. Puesto que usualmente ninguna persona puede, a la larga, responder a las expectativas de su adorador, inevitablemente se produce una desilusión, y para remediarla se busca un nuevo ídolo, a veces en una sucesión interminable. Lo característico de este tipo de amor es, al comienzo, lo intenso y precipitado de la experiencia amorosa. El amor idolátrico suele describirse como el verdadero y grande amor; pero, si bien se pretende que personifique la intensidad y la profundidad del amor, solo demuestra el vacío y la desesperación del idólatra. Es innecesario decir que no es raro que dos personas se idolatren mutuamente, lo cual, en los casos extremos, representa el cuadro de una *folie à deux*.

Otra forma de pseudoamor es lo que cabe llamar *amor sentimental*. Su esencia consiste en que el amor solo se experimenta en la fantasía y no en el aquí y ahora de la relación con otra persona real. La forma más común de tal tipo de amor es la que se encuentra en la gratificación amorosa sustitutiva que experimenta el consumidor de películas, novelas románticas y canciones de amor. Todos los deseos insatisfechos de amor, unión e intimidad hallan satisfacción en el consumo de tales productos. Un hombre y una mujer que, en su relación como esposos, son incapaces de atravesar el muro de separatidad, se conmueven hasta las lágrimas cuando comparten el amor feliz o desgraciado de una pareja en la pantalla. Para muchos matrimonios, esa constituye la única ocasión en la que experimentan amor —no el uno por el otro, sino juntos, como espectadores del «amor» de otros seres—. En tanto el amor sea una fantasía, pueden participar; en cuanto desciende a la realidad de la relación entre dos seres reales, se congelan.

Otro aspecto del amor sentimental es la «abstractificación» del amor en términos de tiempo. Una pareja se puede sentir hondamente conmovida por los recuerdos de su pasado amoroso, aunque no haya experimentado amor alguno cuando ese pasado era presente, o por las fantasías de su amor futuro. ¿Cuántas parejas comprometidas o recién casadas sueñan con una dicha amorosa que se hará realidad en el futuro, pese a que en el momento en que viven han comenzado ya a aburrirse mutuamente? Esa tendencia coincide con una característica actitud general del hombre moderno. Ese vive en el pasado o en el futuro, pero no en el presente. Recuerda sentimentalmente su infancia y a su madre —o hace planes de felicidad futura—. Sea que el amor se experimente de forma sustitutiva, participando en las experiencias ficticias de los demás, o que se traslade del presente al pasado o al futuro, tal forma abstracta y enajenada del amor sirve como opio que alivia el dolor de la realidad, la soledad y la separación del individuo.

Otra forma de amor neurótico consiste en el uso de *mecanismos proyectivos* a fin de evadirse de los problemas propios y concentrarse, en cambio, en los defectos y flaquezas de la persona «amada». Los individuos se comportan en ese sentido de manera muy similar a los grupos, naciones o religiones. Son muy sutiles para captar hasta los menores defectos de la otra persona y viven felices ignorando los propios, siempre ocupados tratando de acusar o reformar a la otra persona. Si dos personas lo hacen —como suele ocurrir—, la relación amorosa se convierte en una proyección recíproca. Si soy dominador o indeciso, o ávido, acuso de ello a mi pareja y, según mi carácter, trato de corregirla o de castigarla. La otra persona hace lo mismo y ambas consiguen así dejar de lado sus propios problemas y, por lo tanto, no dan los pasos necesarios para el progreso de su propia evolución.

Otra forma de proyección es la de los propios problemas en los niños. En primer término, tal proyección aparece con cierta frecuencia en el deseo de tener hijos. En tales casos, ese deseo está principalmente determinado por la proyección del propio problema de la existencia en el de los hijos. Cuando una persona siente que no ha podido dar sentido a su propia vida, trata de dárselo en función de la vida de sus hijos. Pero está destinada a fracasar consigo misma y para los hijos. Lo primero, porque cada uno puede solo resolver por sí mismo, y no por medio de otro el problema de la existencia; lo segundo, porque carece de las cualidades que se necesitan para guiar a los hijos en su propia búsqueda de una respuesta. Los hijos también sirven a finalidades proyectivas cuando surge el problema de disolver un matrimonio desgraciado. El argumento común de los padres en tal situación es que no pueden separarse para no privar a los hijos de las ventajas de un hogar unido. Cualquier estudio detallado demostraría, empero, que la atmósfera de tensión e infelicidad dentro de la «familia unida» es más nociva para los niños que una ruptura franca, que les enseña, por lo menos, que el hombre es capaz de poner fin a una situación intolerable por medio de una decisión valiente.

Debemos mencionar aquí otro error muy frecuente: la ilusión de que el amor significa necesariamente la ausencia de conflicto. Así como la gente cree que el dolor y la tristeza se deben evitar en todas las circunstancias, supone también que el amor significa la ausencia de todo conflicto. Y encuentran buenos argumentos en favor de esa idea en el hecho de que las disputas que observan a diario no son otra cosa que intercambios destructivos que no producen bien alguno a ninguno de los interesados. Pero el motivo de ello está en el hecho de que los «conflictos» de la mayoría de la gente constituyen, en realidad, intentos de evitar los *verdaderos* conflictos *reales*. Son desacuerdos sobre asuntos secundarios o superficiales que, por su misma índole, no contribuyen a aclarar ni a solucionar nada. Los conflictos reales entre dos personas, los que no sirven para ocultar o proyectar, sino que se experimentan en un nivel profundo de la realidad interior a la que pertenecen, no son destructivos. Contribuyen a aclarar, producen una catarsis de la que ambas personas emergen con más conocimiento y mayor fuerza. Y eso nos lleva a destacar algo que ya dijimos antes.

El amor solo es posible cuando dos personas se comunican entre sí desde el centro de sus existencias, por lo tanto, cuando cada una de ellas se experimenta a sí misma desde el centro de su existencia. Solo en esa «experiencia central» está la realidad humana, solo allí hay vida, solo allí está la base del amor. Experimentado en esa forma, el amor es un desafío constante; no un lugar de reposo, sino un moverse, crecer, trabajar juntos; que haya armonía o conflicto, alegría o tristeza, es secundario con respecto al hecho fundamental de que dos seres se experimentan desde la esencia de su existencia, de que son el uno con el otro al ser uno consigo mismo y no al huir de sí mismos. Solo hay una prueba de la presencia de amor: la hondura de la relación y la vitalidad y la fuerza de cada una de las personas implicadas; es por tales frutos por los que se reconoce al amor.

Así como los autómatas no pueden amarse entre sí tampoco pueden amar a Dios. La *desintegración del amor a Dios* ha alcanzado las mismas proporciones que la desintegración del amor al hombre. Ese hecho se halla en evidente contradicción con la idea de que estamos en presencia de un renacimiento religioso en nuestra época. Nada podría estar más lejos de la verdad. Lo que presenciamos (si bien hay excepciones) es una regresión a un concepto idolátrico de Dios, y una transformación del amor a Dios en una relación correspondiente a una estructura caracterológica enajenada. Es fácil comprobar tal regresión. La gente está angustiada, carece de principios o fe, no la mueve otra finalidad que la de seguir adelante; por lo tanto, siguen siendo criaturas, confiando en que el padre o la madre acuda a ayudarlos cuando lo necesiten.

Es verdad que en diversas culturas religiosas, como las de la Edad Media, el hombre común también consideraba a Dios un padre y una madre protectores. Pero al mismo tiempo también tomaba a Dios en serio, en el sentido de que la meta fundamental de su vida era vivir según los principios de Dios, hacer de la «salvación» su preocupación suprema, a la cual subordinaba todas las demás actividades. Nada queda de ese esfuerzo hoy en día. La vida diaria está estrictamente separada de cualquier valor religioso. Se dedica a obtener comodidades materiales y éxito en el mercado de la personalidad. Los principios en que se basan nuestros esfuerzos seculares son los de indiferencia y egoísmo (el segundo rotulado generalmente «individualismo» o «iniciativa individual»). El hombre de culturas verdaderamente religiosas puede compararse con un niño de ocho años, que necesita la ayuda de su padre, pero que comienza a adoptar en su vida sus enseñanzas y principios. El hombre contemporáneo es más bien como un niño de tres años, que llora llamando a su padre cuando lo necesita, o bien se muestra completamente autosuficiente cuando puede jugar.

En ese sentido, en la dependencia infantil de una imagen antropomórfica de Dios sin la transformación de la vida de acuerdo con los principios de Dios, estamos más cerca de una tribu idólatra primitiva que de la cultura religiosa de la Edad Media. En otro sentido, nuestra situación religiosa muestra rasgos nuevos, característicos únicamente de la sociedad occidental capitalista contemporánea. Puedo remitirme a afirmaciones hechas antes. El hombre moderno se ha transformado en un artículo; experimenta su energía vital como una inversión de la que debe obtener el máximo beneficio, teniendo en cuenta su posición y la situación del mercado de la personalidad. Está enajenado de sí mismo, de sus semejantes y de la naturaleza. Su finalidad principal es el intercambio ventajoso de sus aptitudes, su conocimiento y de sí mismo, de su «bagaje de personalidad» con otros individuos igualmente ansiosos de lograr un intercambio conveniente y equitativo. La vida carece de finalidad, salvo la de seguir adelante, de principios, excepto el del intercambio equitativo, de satisfacción, excepto la de consumir.

¿Qué puede significar el concepto de Dios en tales circunstancias? Ha perdido su significado religioso original y se ha adaptado a la cultura enajenada del éxito. En el renacimiento religioso de los últimos tiempos, la creencia en Dios se ha convertido en un recurso psicológico cuya finalidad es hacer al individuo más apto para la pugna competitiva.

La religión se alía con la autosugestión y la psicoterapia para ayudar al hombre en sus actividades comerciales. Después de la Primera Guerra Mundial aún no se había recurrido a Dios con el propósito de «mejorar la propia personalidad». El libro que más se vendió en 1938, *Cómo ganar amigos e influir sobre la gente*, de Dale Carnegie, se mantuvo en un nivel estrictamente secular. La función que cumplió entonces dicho libro de Dale Carnegie es la que hoy realiza el *bestseller* actual, *El poder del pensamiento positivo*, del reverendo N.V. Peale. En este libro religioso ni siquiera se cuestiona que nuestra preocupación predominante por el éxito esté de acuerdo con el espíritu de la religión monoteísta. Por el contrario, jamás se pone en duda tal finalidad suprema, sino que se recomiendan la creencia en Dios y las plegarias como un medio de aumentar la propia habilidad para alcanzar el éxito. Así como los psiquiatras modernos recomiendan la felicidad del empleado para ganar la simpatía de los compradores, del mismo modo algunos sacerdotes aconsejan amar a Dios para tener más éxito. «Haz de Dios tu socio» significa hacer de Dios un socio en los negocios, antes que hacerse uno con Él en el amor, la justicia y la verdad. De modo similar a cómo se ha reemplazado el amor fraternal por la equidad impersonal, se ha transformado a Dios en un remoto *Director General del Universo y Cía.*; sabemos que está allí, que dirige la función (aunque esta probablemente seguiría adelante sin él), nunca lo vemos, pero aceptamos su dirección mientras «desempeñamos nuestro papel».

Capítulo 4

LA PRÁCTICA DEL AMOR

Habiendo examinado ya el aspecto teórico del arte de amar, nos enfrentamos ahora con un problema mucho más difícil, el de *la práctica del arte de amar*. ¿Se puede aprender algo acerca de la práctica de un arte, excepto practicándolo?

La dificultad del problema se ve aumentada por el hecho de que la mayoría de la gente de hoy en día, y, por lo tanto, muchos de los lectores de este libro, esperan recibir recetas del tipo «cómo debe usted hacerlo», y eso significa, en nuestro caso, que se les enseñe a amar. Mucho me temo que quien comience este último capítulo con tales esperanzas resultará sumamente decepcionado. Amar es una experiencia personal que solo podemos tener por y para nosotros mismos; en realidad, prácticamente no existe nadie que no haya tenido esa experiencia, por lo menos en una forma rudimentaria, cuando niño, adolescente o adulto. Lo que un examen de la práctica del amor puede hacer es considerar las premisas del arte de amar, los enfoques, por así decirlo, de la cuestión, y la práctica de esas premisas y esos enfoques. Los pasos hacia la meta solo puede darlos uno mismo, y el examen concluye antes de que se dé el paso decisivo. Sin embargo, creo que el examen de los enfoques puede resultar útil para el dominio del arte —por lo menos para quienes han dejado de esperar «recetas».

La práctica de cualquier arte tiene ciertos requisitos generales, independientes por completo de que el arte en cuestión sea la carpintería, la medicina o el arte de amar. En primer lugar, la práctica de un arte requiere *disciplina*. Nunca haré nada bien si no lo hago de una manera disciplinada; cualquier cosa que haga solo porque estoy en el «estado de ánimo apropiado», puede constituir un «hobby» agradable o entretenido, mas nunca llegaré a ser un maestro en ese arte. Pero el problema no consiste únicamente en la disciplina relativa a la práctica de un arte particular (digamos practicar todos los días durante cierto número de horas), sino en la disciplina en toda la vida. Podía pensarse que para el hombre moderno nada es más fácil de aprender que la disciplina. ¿Acaso no pasa ocho horas diarias de manera sumamente disciplinada en un trabajo donde impera una estricta rutina? Lo cierto, en cambio, es que el hombre moderno es excesivamente indisciplinado fuera de la esfera del trabajo. Cuando no trabaja, quiere estar ocioso, haraganear, o, para usar una palabra más agradable, «relajarse». Ese deseo de ociosidad constituye, en gran parte, una reacción contra la rutinización de la vida. Precisamente porque el hombre está obligado durante ocho horas diarias a gastar su energía con fines ajenos, en formas que no le son propias, sino prescritas por el ritmo del trabajo, se rebela, y su rebeldía toma la forma de una complacencia infantil para consigo mismo. Además, en la batalla contra el autoritarismo, ha llegado a desconfiar de toda disciplina, tanto de la impuesta por la autoridad irracional como de la disciplina racional autoimpuesta. Sin esa disciplina, empero, la vida se torna caótica y carece de concentración.

Que la *concentración* es condición indispensable para el dominio de un arte no necesita demostración. Harto bien lo sabe todo aquel que alguna vez haya intentado aprender un arte. No obstante, en nuestra cultura, la concentración es aún más rara que la autodisciplina. Por el contrario, nuestra cultura lleva a una forma de vida difusa y desconcentrada, que casi no registra paralelos. Se hacen muchas cosas a la vez: se lee, se escucha la radio, se habla, se fuma, se come, se bebe. Somos consumidores con la boca siempre abierta, ansiosos y dispuestos a tragarlo todo: películas, bebidas, conocimiento. Esa falta de concentración se manifiesta claramente en nuestra dificultad para estar a solas con nosotros mismos. Quedarse sentado, sin hablar, fumar, leer o beber es imposible para la mayoría de la gente. Se ponen nerviosos e inquietos y deben hacer algo con la boca o con las manos. (Fumar es uno de los síntomas de la falta de concentración: ocupa la mano, la boca, los ojos y la nariz).

Un tercer factor es la *paciencia*. Repetimos que quien haya tratado alguna vez de dominar un arte sabe que la paciencia es necesaria para lograr cualquier cosa. Si aspiramos a obtener resultados rápidos, nunca aprenderemos un arte. Para el hombre moderno, sin embargo, es tan difícil practicar la paciencia como la disciplina y la concentración. Todo nuestro sistema industrial alienta precisamente lo contrario: la rapidez. Todas nuestras máquinas están diseñadas para lograr rapidez: el coche y el aeroplano nos llevan rápidamente a destino —y cuanto más rápido mejor—. La máquina que puede producir la misma cantidad en la mitad del tiempo es muy superior a la más antigua y lenta. Naturalmente, hay para ello importantes razones económicas. Pero, al igual que en tantos otros aspectos, los valores humanos están determinados por los valores económicos. Lo que es bueno para las máquinas debe serlo para el hombre —así dice la lógica—. El hombre moderno piensa que pierde algo —tiempo— cuando no actúa con rapidez; sin embargo, no sabe qué hacer con el tiempo que gana —salvo matarlo.

Finalmente, otra condición para aprender cualquier arte es tener una *preocupación* suprema por el dominio del arte. Si el arte no es algo de suprema importancia, el aprendiz jamás lo dominará. Seguirá siendo, en el mejor de los casos, un buen aficionado, pero nunca un maestro. Esta condición es tan necesaria para el arte de amar como para cualquier otro. Parece, sin embargo, que la proporción de aficionados en el arte de amar es notablemente mayor que en las otras artes.

Un último punto se debe señalar con respecto a las condiciones generales para aprender un arte. No se empieza por aprender el arte directamente, sino en forma indirecta, por así decirlo. Se debe aprender un gran número de otras cosas que suelen no tener aparentemente ninguna relación con él, antes de comenzar con el arte mismo. Un aprendiz de carpintería comienza aprendiendo a cepillar la madera; un aprendiz del arte de tocar el piano comienza por practicar escalas; un aprendiz del arte zen de la ballestería empieza haciendo ejercicios respiratorios.[1] Si se aspira a ser un maestro en cualquier arte, toda la vida debe estar dedicada a él o, por lo menos, relacionada con él. La propia persona se convierte en instrumento en la práctica del arte, y se debe mantener en buenas condiciones, según las funciones específicas que deba realizar. En lo que respecta al arte de amar, ello significa que quien aspire a convertirse en un maestro debe comenzar por *practicar* la disciplina, la concentración y la paciencia a través de todas las fases de su vida.

¿Cómo se practica la disciplina? Nuestros abuelos estarían en mejores condiciones para contestar esa pregunta. Recomendaban levantarse temprano, no entregarse a lujos innecesarios y trabajar mucho.

---

1. Para un cuadro de la concentración, la disciplina, la paciencia y la preocupación necesarias para el aprendizaje de un arte, recomiendo al lector *Zen the Art of Archery,* de E. Herrigel, Nueva York, Pantheon Books, Inc., 1953.

Este tipo de disciplina tenía evidentes defectos. Era rígida y autoritaria, centrada alrededor de las virtudes de la frugalidad y el ahorro, y, de muchos modos, hostil a la vida. Pero, en la reacción a tal tipo de disciplina, hubo una creciente tendencia a sospechar de *cualquier* disciplina, y a hacer de la indisciplina y la perezosa complacencia en el resto de la propia existencia la contraparte que equilibraba la forma rutinizada de vida impuesta durante ocho horas de trabajo. Levantarse a una hora regular, dedicar un tiempo regular durante el día a actividades tales como meditar, leer, escuchar música, caminar; no permitirnos, por lo menos dentro de ciertos límites, actividades escapistas, como novelas policiacas y películas, no comer ni beber demasiado, son normas evidentes y rudimentarias. Sin embargo, es esencial que la disciplina no se practique como una regla impuesta desde afuera, sino que se convierta en una expresión de la propia voluntad; que se sienta como algo agradable, y que uno se acostumbre lentamente a un tipo de conducta que puede llegar a extrañar si deja de practicarla. Uno de los aspectos lamentables de nuestro concepto occidental de la disciplina (como de toda virtud) es que se supone que su práctica debe ser algo penosa y solo si es penosa es «buena». El Oriente ha reconocido hace mucho que lo que es bueno para el hombre —para su cuerpo y para su alma— también debe ser agradable, aunque al comienzo haya que superar algunas resistencias.

La concentración es, con mucho, más difícil de practicar en nuestra cultura, en la que todo parece es-

tar en contra de la capacidad de concentrarse. El paso
más importante para llegar a concentrarse es aprender a estar solo con uno mismo sin leer, escuchar la
radio, fumar o beber. Sin duda, ser capaz de concentrarse significa poder estar solo con uno mismo —y
esa habilidad es precisamente una condición para la
capacidad de amar—. Si estoy ligado a otra persona
porque no puedo pararme sobre mis propios pies,
ella puede ser algo así como un salvavidas, pero no
hay amor en tal relación. Paradójicamente, la capacidad de estar solo es la condición indispensable para
la capacidad de amar. Quien trate de estar solo consigo mismo descubrirá cuán difícil es. Comenzará a
sentirse molesto, inquieto, e incluso considerablemente angustiado. Se inclinará a racionalizar su deseo de no seguir adelante con esa práctica, pensando
que no tiene ningún valor, que es tonta, que lleva demasiado tiempo, y así en adelante. Observará asimismo que llegan a su mente toda clase de pensamientos
que lo dominan. Se encontrará pensando acerca de
sus planes para el resto del día, o sobre alguna dificultad en el trabajo que debe realizar, o sobre lo que
hará esa noche, o sobre cualquier cosa que le ocupe la
mente, antes que permitir que esta se vacíe. Sería útil
practicar unos pocos ejercicios simples, como, por
ejemplo, sentarse en una posición relajada (ni totalmente flojo ni rígido), cerrar los ojos y tratar de ver
una pantalla blanca frente a los ojos, tratando de ale-
jar todas las imágenes y los pensamientos que inter-
fieran; luego intentar seguir la propia respiración; no

pensar en ella, ni forzarla, sino seguirla —y, al hacerlo, percibirla—; tratar además de lograr una sensación de «yo»; yo = «mí mismo», como centro de mis poderes, como creador de mi mundo. Habría que realizar tal ejercicio de concentración por lo menos todas las mañanas durante veinte minutos (y, si es posible, más tiempo) y todas las noches antes de acostarse.[2]

Además de esos ejercicios, hay que aprender a concentrarse en todo lo que uno hace, sea escuchar música, leer un libro, hablar con una persona, contemplar un paisaje. En ese momento, la actividad debe ser lo único que cuenta, aquello a lo que uno se entrega por completo. Si uno está concentrado, poco importa *qué* está haciendo; las cosas importantes, tanto como las insignificantes, toman una nueva dimensión de la realidad, porque están llenas de la propia atención. Aprender a concentrarse requiere evitar, en la medida de lo posible, las conversaciones triviales, esto es, la conversación que no es genuina. Si dos personas hablan acerca del crecimiento de un árbol que ambas conocen, del gusto del pan que aca-

2. Si bien existe abundante cantidad de teoría y práctica sobre ese tema en las culturas orientales, especialmente en la India, también se han hecho en los últimos años intentos similares en Occidente. El más importante, en mi opinión, es la escuela de Gindler, cuyo fin es la percepción del propio cuerpo. Para la comprensión del método de Gindler, véase el trabajo de Charlotte Selver, en sus cursos y conferencias en la New School de Nueva York.

ban de comer juntas, o de una experiencia común en el trabajo, tal conversación puede ser pertinente, siempre y cuando experimenten lo que hablan y no se refieran a ese tema de una manera abstracta; por otro lado, una conversación puede referirse a cuestiones religiosas o políticas y ser, no obstante, trivial; ello ocurre cuando las dos personas hablan en clichés, cuando no sienten lo que dicen. Debo agregar aquí que, así como importa evitar la conversación trivial, importa también evitar las malas compañías. Por malas compañías no entiendo solo la gente viciosa y destructiva, cuya órbita es venenosa y deprimente. Me refiero también a la compañía de zombies, de seres cuya alma está muerta, aunque su cuerpo siga vivo; a individuos cuyos pensamientos y conversación son triviales; que parlotean en lugar de hablar, y que afirman opiniones que son clichés en lugar de pensar. Pero no siempre es posible evitar tales compañías, ni tampoco es necesario. Si uno no reacciona en la forma esperada —es decir, con clichés y trivialidades— sino directa y humanamente, descubrirá con frecuencia que esa gente modifica su conducta, muchas veces con la ayuda de la sorpresa producida por el choque de lo inesperado.

Concentrarse en la relación con otros significa fundamentalmente poder escuchar. La mayoría de la gente oye a los demás, y aun da consejos, sin escuchar realmente. No toman en serio las palabras de la otra persona, y tampoco les importan demasiado sus propias respuestas. Resultado de ello: la conversación los cansa. Se encuentran bajo la ilusión de que se sentirían aún más cansados si escucharan con concentración. Pero lo cierto es lo contrario. Cualquier actividad, realizada en forma concentrada, tiene un efecto estimulante (aunque luego aparezca un cansancio natural y benéfico); cualquier actividad no concentrada, en cambio, causa somnolencia, y al mismo tiempo hace difícil conciliar el sueño al final del día.

Estar concentrado significa vivir plenamente en el presente, en el aquí y el ahora, y no pensar en la tarea siguiente mientras estoy realizando otra. Es innecesario decir que la concentración debe ser sobre todo practicada por personas que se aman mutuamente. Deben aprender a estar el uno cerca del otro, sin escapar de las múltiples formas acostumbradas. El comienzo de la práctica de la concentración es difícil; se tiene la impresión de que jamás se logrará la finalidad buscada. Ello implica, evidentemente, la necesidad de tener paciencia. Si uno no sabe que todo tiene su momento, y quiere forzar las cosas, entonces es indudable que nunca logrará concentrarse —tampoco en el arte de amar—. Para tener una idea de lo que es la paciencia, basta con observar a un niño que aprende a caminar. Se cae, vuelve a caer, una y otra vez, y sin embargo sigue ensayando, mejorando, hasta que un día camina sin caerse. ¡Qué no podría lograr la persona adulta si tuviera la paciencia del niño y su concentración en los fines que son importantes para él!

Es imposible aprender a concentrarse sin hacerse *sensible a uno mismo*. ¿Qué significa eso? ¿Que hay

que pensar continuamente en uno mismo, «analizar-
se», o qué? Si habláramos de ser sensible a una máquina, no habría dificultad para explicar lo que eso
significa. Cualquiera que, por ejemplo, maneja un coche, es sensible a él. Advierte hasta un pequeño ruido
inusual, o un insignificante cambio de la aceleración
del motor. De la misma forma, el conductor es sensible a las irregularidades en la superficie del camino, a
los movimientos de los coches que van detrás y de-
lante de él. Sin embargo, no piensa en todos esos factores; su mente se encuentra en estado de serenidad
vigilante, abierta a todos los cambios relacionados
con la situación en la que está concentrado: manejar
el coche sin peligro.

Si consideramos la situación de ser sensible a otro
ser humano, encontramos el ejemplo más obvio en
la sensibilidad y correspondencia de una madre para
con su hijo. Ella nota ciertos cambios corporales, exigencias y angustias, antes de que el niño los manifies-
te abiertamente. Se despierta porque su hijo llora, si
bien otro sonido más fuerte no hubiera interrumpido
su sueño. Todo eso significa que es sensible a las manifestaciones de la vida del niño; no está ansiosa ni
preocupada, sino en un estado de equilibrio alerta,
receptivo de cualquier comunicación significativa
proveniente del niño. Similarmente, cabe ser sensible
con respecto a uno mismo. Tener conciencia, por
ejemplo, de una sensación de cansancio o depresión
y, en lugar de entregarse a ella y aumentarla por medio de pensamientos deprimentes que siempre están

a mano, preguntarse «¿qué ocurre?», «¿por qué estoy deprimido?». Lo mismo sucede al observar que uno está irritado o enojado, o con tendencia a los ensueños u otras actividades escapistas. En cada uno de esos casos, lo que importa es tener conciencia de ellos y no racionalizarlos en las mil formas en que es factible hacerlo; además estar atentos a nuestra voz interior, que nos dice —por lo general inmediatamente— por qué estamos angustiados, deprimidos, irritados.

La persona media es sensible a sus procesos corporales; advierte los cambios y los más insignificantes dolores; ese tipo de sensibilidad corporal es relativamente fácil de experimentar, porque la mayoría de las personas tienen una imagen de lo que es sentirse bien. Una sensibilidad semejante para con los procesos mentales es más difícil, porque muchísima gente no ha conocido nunca a alguien que funcione óptimamente. Toman el funcionamiento psíquico de sus padres y parientes, o del grupo social en el que han nacido, como norma, y, mientras no difieren de esta, se sienten normales y no tienen interés en observar nada. Hay mucha gente, por ejemplo, que jamás ha conocido a una persona amante, o a una persona con integridad, valor o concentración. Es notorio que, para ser sensible con respecto a uno mismo, hay que tener una imagen del funcionamiento humano completo y sano. Pero ¿cómo es posible adquirir experiencia si no se la ha tenido en la propia infancia o en la vida adulta? Por cierto que no existe ninguna respuesta sencilla a tal pregunta; pero esta señala un factor muy crítico de nuestro sistema educativo.

Si bien impartimos conocimiento, estamos descuidando la enseñanza más importante para el desarrollo humano: la que solo puede impartirse por la simple presencia de una persona madura y amante. En épocas anteriores de nuestra cultura, o en China y la India, el hombre más valorado era el que poseía cualidades espirituales sobresalientes. Ni siquiera el maestro era única, o primariamente, una fuente de información, sino que su función consistía en transmitir ciertas actitudes humanas. En la sociedad capitalista contemporánea —así como en el comunismo ruso— los hombres propuestos para la admiración y la emulación son cualquier cosa menos arquetipos de cualidades espirituales significativas. Los que el público admira esencialmente son los que dan al hombre común una sensación de satisfacción sustitutiva. Estrellas cinematográficas, presentadores de radio, periodistas, importantes figuras del comercio o el gobierno, tales son los modelos de emulación. A menudo su principal calificación para esa función es que han logrado aparecer en letras de molde. Sin embargo, la situación no parece totalmente irremediable. Si se contempla el hecho de que un hombre como Albert Schweitzer se haya hecho famoso en Estados Unidos, si se tienen en cuenta las múltiples posibilidades de familiarizar a nuestra juventud con personalidades históricas y contemporáneas que demuestran lo que los seres humanos pueden lograr como tales, y no como anfitriones (en el sentido más amplio de la palabra), si se piensa en las grandes obras de la literatura y el arte de todas las épocas, parece que existe la posibilidad de crear una visión de un buen funcionamiento humano, y por lo tanto una sensibilidad al mal funcionamiento. Si no lográramos mantener viva una visión de la vida madura, entonces indudablemente nos veríamos frente a la probabilidad de que nuestra tradición cultural se derrumbe. Esa tradición no se basa fundamentalmente en la transmisión de cierto tipo de conocimiento, sino en la de ciertas clases de rasgos humanos. Si la generación siguiente deja de ver esos rasgos, se derrumbará una cultura de cinco mil años, aunque su conocimiento se transmita y se siga desarrollando.

Hasta aquí me he referido a las condiciones para la práctica de *cualquier* arte. Examinaré ahora las cualidades de particular importancia para la capacidad de amar. De acuerdo con lo dicho sobre la naturaleza del amor, la condición fundamental para el logro del amor es la *superación* del propio *narcisismo*. En la orientación narcisista se experimenta como real solo lo que existe en nuestro interior, mientras que los fenómenos del mundo exterior carecen de realidad de por sí y se experimentan solo desde el punto de vista de su utilidad o peligro para uno mismo. El polo opuesto del narcisismo es la objetividad; es la capacidad de ver a la gente y las cosas *tal como son*, objetivamente, y poder separar esa imagen *objetiva* de la imagen formada por los propios deseos y temores. En todas las formas de psicosis hay una incapacidad extrema para ser objetivo. Para el insano, la única realidad que existe es la que está dentro de él, la de sus temores y deseos. Ve el mundo exterior como símbolos de su mundo interior, como su creación. Y todos procedemos de idéntica manera cuando soñamos. En el sueño producimos hechos, ponemos dramas en escena, que constituyen la expresión de nuestros anhelos y temores (aunque algunas veces también de nuestras intuiciones y juicios), y mientras dormimos, estamos convencidos de que el producto de nuestros sueños es tan real como la realidad que percibimos en el estado de vigilia.

El insano o el soñador carecen *completamente* de una visión objetiva del mundo exterior; pero todos nosotros somos más o menos insanos, o estamos más o menos dormidos; todos nosotros tenemos una visión no objetiva del mundo, que está deformada por nuestra orientación narcisista. ¿Es necesario dar ejemplos? Cualquiera puede encontrarlos fácilmente observándose a sí mismo, a sus vecinos y leyendo los diarios; varían únicamente en el grado de deformación narcisista de la realidad. Una mujer, por ejemplo, llama al médico, diciendo que quiere visitarlo en su consultorio esa tarde. El médico responde que no tiene tiempo ese día, pero que puede atenderla al día siguiente. La respuesta de la mujer es: «Pero, doctor, vivo solo a cinco minutos de su consultorio». No puede entender la explicación del médico de que a *él* no le ahorra tiempo que la distancia sea tan corta.

Ella experimenta la situación narcisísticamente: puesto que *ella* ahorra tiempo, *él* ahorra tiempo; para ella, la única realidad es ella misma.

Menos extremas —tal vez menos evidentes— son las deformaciones tan comunes en las relaciones interpersonales. ¿Cuántos padres experimentan las reacciones del hijo en función de la obediencia, de que los complazca, les haga hacer un buen papel, y así siguiendo, en lugar de percibir o interesarse por lo que el niño siente para y por sí mismo? ¿Cuántos esposos ven a sus mujeres como dominadoras porque su propia relación con sus madres los hace interpretar cualquier demanda como una limitación de su libertad? ¿Cuántas esposas piensan que sus maridos son ineficaces o estúpidos porque no responden a la fantasía del espléndido caballero que construyeron en su infancia?

En lo que a las naciones extranjeras atañe, la falta de objetividad es más que notoria. De un día para otro, una nación pasa a ser considerada totalmente depravada y perversa, al tiempo que la propia nación representa todo lo que es bueno y noble. Toda acción del enemigo se juzga según una norma, y toda acción propia según otra. Hasta las buenas obras realizadas por el enemigo se consideran signos de una perversidad particular con las que se propone engañar a nuestro país y al mundo, mientras que nuestras malas acciones son necesarias y encuentran justificación en las nobles finalidades que sirven. Es indudable que si examinamos la relación entre las naciones, tanto como entre los individuos, llegamos a la conclusión de que la objetividad es la excepción, y lo corriente una deformación narcisista en mayor o menor grado.

La facultad de pensar objetivamente es la *razón*; la actitud emocional que corresponde a la razón es la humildad. Ser objetivo, utilizar la propia razón, solo es posible si se ha alcanzado una actitud de humildad, si se ha emergido de los sueños de omnisciencia y omnipotencia de la infancia.

En los términos de este análisis de la práctica del arte de amar, ello significa: puesto que el amor depende de la ausencia relativa del narcisismo, requiere el desarrollo de humildad, objetividad y razón. Toda la vida debe estar dedicada a esa finalidad. La humildad y la objetividad son indivisibles, tal como lo es el amor. No puedo ser verdaderamente objetivo con respecto a mi familia si no puedo serlo con un extraño, y viceversa. Si quiero aprender el arte de amar, debo esforzarme por ser objetivo en todas las situaciones y hacerme sensible a la situación frente a la que no soy objetivo. Debo tratar de ver la diferencia entre *mi* imagen de una persona y de su conducta, tal como resulta de la deformación narcisista, y la realidad de esa persona tal como existe independientemente de mis intereses, necesidades y temores. La adquisición de la capacidad de ser objetivo y de la razón representa la mitad del camino hacia el dominio del arte de amar, pero debe abarcar a todos los que están en contacto conmigo. Si alguien quisiera reser var su objetividad para la persona amada, y cree que no necesita de ella en su relación con el resto del mundo, pronto descubrirá que fracasa en ambos sentidos.

La capacidad de amar depende de la propia capacidad para superar el narcisismo y la fijación incestuosa a la madre y al clan; depende de nuestra capacidad de crecer, de desarrollar una orientación productiva en nuestra relación con el mundo y con nosotros mismos. Tal proceso de emergencia, de nacimiento, de despertar, necesita una cualidad como condición necesaria: *fe*. La práctica del arte de amar requiere la práctica de la fe.

¿Qué es la fe? ¿Es la fe necesariamente una cuestión de creencia en Dios, o en doctrinas religiosas? ¿Está inevitablemente en contraste u oposición con la razón y el pensamiento racional? Aun para empezar a comprender el problema de la fe es necesario diferenciar la *fe racional* de la *irracional*. Al hablar de fe irracional me refiero a la creencia (en una persona o una idea) que se basa en la sumisión a una autoridad irracional. Por el contrario, la fe racional es una convicción arraigada en la propia experiencia mental o afectiva. La fe racional no es primariamente una creencia en algo, sino la cualidad de certeza y firmeza que poseen nuestras convicciones. La fe es un rasgo caracterológico que penetra toda la personalidad, y no una creencia específica.

La fe racional arraiga en la actividad productiva intelectual y emocional. Constituye un importante

componente del pensamiento racional, en el que se
supone que la fe no tiene lugar. ¿Cómo llega un científico, por ejemplo, a un nuevo descubrimiento? ¿Comienza haciendo experimento tras experimento, reu-
niendo los hechos uno después del otro, sin una
visión de lo que espera encontrar? Es excepcional que
un descubrimiento realmente importante se haya hecho de esa manera en cualquier terreno. Tampoco
ocurre que la gente arribe a conclusiones significativas cuando se limita a perseguir una fantasía. El proceso del pensamiento creador en cualquier campo del
esfuerzo humano suele comenzar con lo que podríamos llamar una «visión racional», que constituye a
su vez el resultado de considerables estudios previos,
pensamiento reflexivo y observación. Cuando un científico logra reunir suficientes datos, o elaborar una
fórmula matemática que hace altamente plausible su
visión original, puede decirse que ha llegado a una hipótesis de ensayo. Un cuidadoso análisis de la hipótesis, con el fin de discernir sus consecuencias, y la re-
copilación de datos que la apoyan, llevan a una
hipótesis más adecuada y, quizás, eventualmente, a su
inclusión en una teoría de amplio alcance.

La historia de la ciencia está llena de ejemplos de
fe en la razón y en las visiones de la verdad. Copérni-
co, Kepler, Galileo y Newton estaban imbuidos de
una inconmovible fe en la razón. Por ella Bruno mu-
rió quemado en la hoguera y Spinoza sufrió la exco-
munión. A cada paso, desde la concepción de una visión racional hasta la formulación de una teoría, es

necesaria la *fe*; fe en la visión de una finalidad racionalmente válida que alcanzar, fe en la hipótesis como una proposición probable y plausible, y fe en la teoría final, al menos hasta que se llegue a un consenso general acerca de su validez. Esa fe está arraigada en la propia experiencia, en la confianza en el propio poder de pensamiento, observación y juicio. Al tiempo que la fe irracional es la aceptación de algo como verdadero solo *porque* así lo afirma una autoridad o la mayoría, la fe racional tiene sus raíces en una convicción independiente basada en el propio pensamiento y la observación productivos, *a pesar de* la opinión de la mayoría.

El pensamiento y el juicio no constituyen el único dominio de la experiencia en el que se manifiesta la fe racional. En la esfera de las relaciones humanas, la fe es una cualidad indispensable de cualquier amistad o amor significativos. «Tener fe» en otra persona significa estar seguro de la confianza e inmutabilidad de sus actitudes fundamentales, de la esencia de su personalidad, de su amor. No me refiero a que una persona no pueda modificar sus opiniones, sino a que sus motivaciones básicas son siempre las mismas; que, por ejemplo, su respeto por la vida y la dignidad humanas sea parte de ella, no algo tornadizo.

En igual sentido, tenemos fe en nosotros mismos. Tenemos conciencia de la existencia de un yo, de un núcleo de nuestra personalidad que es inmutable y que persiste a través de nuestra vida, no obstante las circunstancias cambiantes y con independencia de ciertas modificaciones de nuestros sentimientos y opiniones. Ese núcleo constituye la realidad que sustenta la palabra «yo», la realidad en la que se basa nuestra convicción de nuestra propia identidad. A menos que tengamos fe en la persistencia de nuestro yo, nuestro sentimiento de identidad se verá amenazado y nos haremos dependientes de otra gente, cuya aprobación se convierte entonces en la base de nuestro sentimiento de identidad. Solo la persona que tiene fe en sí misma puede ser fiel a los demás, pues solo ella puede estar segura de que será en el futuro igual a lo que es hoy y, por lo tanto, de que sentirá y actuará como ahora espera hacerlo. La fe en uno mismo es una condición de nuestra capacidad de prometer, y puesto que, como dice Nietzsche, el hombre puede definirse por su capacidad de prometer, la fe es una de las condiciones de la existencia humana. Lo que importa en relación con el amor es la fe en el propio amor; en su capacidad de producir amor en los demás, y en su confianza.

Otro aspecto de la fe en otra persona se refiere a la fe que tenemos en las potencialidades de los otros. La forma más rudimentaria en que se manifiesta es la fe que tiene la madre en su hijo recién nacido: en que vivirá, crecerá, caminará y hablará. Sin embargo, el desarrollo del niño en ese sentido se produce con tal regularidad que parecería que no es necesaria la fe para estar seguro de él. Algo distinto ocurre con las potencialidades que pueden no desarrollarse: las de amar, ser feliz, utilizar la razón, y otras más especificas, el talento artístico, por ejemplo. Son las semillas que crecen y se manifiestan si se dan las condiciones apropiadas para su desarrollo, y que pueden ahogarse cuando estas faltan.

De tales condiciones, una de las más importantes es que la persona de mayor influencia en la vida del niño tenga fe en esas potencialidades. La presencia de dicha fe es lo que determina la diferencia entre educación y manipulación. Educación significa ayudar al niño a realizar sus potencialidades.[3] Lo contrario de la educación es la manipulación, que se basa en la ausencia de fe, en el desarrollo de las potencialidades y en la convicción de que un niño será como corresponde solo si los adultos le inculcan lo que es deseable y suprimen lo que parece indeseable. No hay necesidad de tener fe en el robot, puesto que tampoco hay vida en él.

La fe en los demás culmina en la fe en la *humanidad*. En el mundo occidental, esa fe se expresa en términos religiosos en la religión judeocristiana, y en lenguaje secular tiene su expresión más poderosa en las ideas políticas y sociales humanísticas de los últimos ciento cincuenta años. Al igual que la fe en el niño, se basa en la idea de que las potencialidades del hombre son tales que, dadas las condiciones apropiadas, podrá construir un orden social gobernado por los principios de igualdad, justicia y amor. El hom-

---

3. La raíz de la palabra educación es *e-ducere,* literalmente, conducir desde, o extraer algo que existía potencialmente.

bre no ha logrado aún construir ese orden y, por lo tanto, la convicción de que puede hacerlo necesita fe. Pero como toda fe racional, tampoco esa es una mera expresión de deseos, sino que se basa en la evidencia de los logros del pasado de la raza humana y en la experiencia interior de cada individuo en su propia experiencia de la razón y el amor.

Mientras que la fe irracional arraiga en la sumisión a un poder que se considera avasalladoramente poderoso, omnisapiente y omnipotente, y en la abdicación del poder y la fuerza propios, la fe racional se basa en la experiencia opuesta. Tenemos fe en una idea porque es el resultado de nuestras propias observaciones y nuestro pensamiento. Tenemos fe en las potencialidades de los demás, en las nuestras y en las de la humanidad, porque, y solo en esa medida, hemos experimentado el desarrollo de nuestras propias potencialidades, la realidad del crecimiento en nosotros mismos, la fuerza de nuestro propio poder y del amor. *La base de la fe racional es la productividad*; vivir de acuerdo con nuestra fe significa vivir productivamente. Se deduce de ello que la creencia en el poder (en el sentido de dominación) y en el uso del poder constituye el reverso de la fe. Creer en el poder que existe es lo mismo que creer en el desarrollo de las potencialidades aún no realizadas. Es una predicción del futuro basada únicamente en el presente manifiesto; pero resulta ser un grave error de cálculo, profundamente irracional en su descuido de las potencialidades y el crecimiento humanos. No hay una fe racional en el poder. Hay una sumisión a él o, por parte de quienes lo tienen, el deseo de conservarlo. Si bien para muchos el poder es la más real de todas las cosas, la historia del hombre ha demostrado que es el más inestable de todos los logros humanos. Debido a que la fe y el poder se excluyen mutuamente, todos los sistemas religiosos y políticos que se construyeron originariamente sobre una fe racional se corrompieron, y eventualmente pierden la fuerza que pueda quedarles si solo confían en el poder o se alían a él.

Tener fe requiere coraje, la capacidad de correr un riesgo, la disposición a aceptar incluso el dolor y la desilusión. Quien insiste en la seguridad y la tranquilidad como condiciones primarias de la vida no puede tener fe; quien se encierra en un sistema de defensa, donde la distancia y la posesión constituyen los medios que dan seguridad, se convierte en un prisionero. Ser amado, y amar, requiere coraje, la valentía de atribuir a ciertos valores fundamental importancia, y de dar el salto y apostar todo a esos valores.

Ese coraje es muy distinto de la valentía a la que se refirió el famoso fanfarrón Mussolini cuando utilizó el lema «vivir peligrosamente». Su tipo de coraje es el coraje del nihilismo. Está arraigado en una actitud destructiva hacia la vida, en la voluntad de arriesgar la vida porque uno es incapaz de amarla. El coraje de la desesperación es lo contrario del coraje del amor, tal como la fe en el poder es lo opuesto de la fe en la vida.

¿Hay algo que deba practicarse en relación con la fe y el valor? Indudablemente, la fe puede practicarse a cada momento. Requiere fe criar a un niño; se necesita fe para dormirse, para comenzar cualquier tarea. Pero todos estamos acostumbrados a tener ese tipo de fe. Quien no la posee, sufre enorme angustia por su hijo, por su insomnio, o por su incapacidad para realizar cualquier trabajo productivo; o es suspicaz, se abstiene de acercarse a alguien, o es hipocondríaco o incapaz de hacer planes a largo plazo. Mantener la propia opinión sobre una persona, aunque la opinión pública o algunos hechos imprevistos parezcan invalidarla, mantener las propias convicciones aunque estas no sean populares: todo eso requiere fe y coraje. Tomar las dificultades, los reveses y penas de la vida como un desafío cuya superación nos hace más fuertes, y no como un injusto castigo que no tendríamos que recibir *nosotros*, requiere fe y coraje.

La práctica de la fe y el valor comienza con los pequeños detalles de la vida diaria. El primer paso consiste en observar cuándo y dónde se pierde la fe, analizar las racionalizaciones que se usan para soslayar esa pérdida de fe, reconocer cuándo se actúa cobardemente y cómo se lo racionaliza. Reconocer cómo cada traición a la fe nos debilita, y cómo la mayor debilidad nos lleva a una nueva traición, y así en adelante, en un círculo vicioso. Entonces reconoceremos también que *mientras tememos conscientemente no ser amados, el temor real, aunque habitualmente inconsciente, es el de amar*. Amar significa comprometerse sin garantías, entregarse totalmente con la esperanza de producir amor en la persona amada. El amor es un acto de fe, y quien tenga poca fe también tiene poco amor. ¿Es posible decir algo más acerca de la práctica de la fe? Quizás otro podría hacerlo; si yo fuera poeta o predicador, podría intentarlo. Pero puesto que no soy ni lo uno ni lo otro, no puedo ni siquiera intentar decir algo más sobre la práctica de la fe, pero estoy seguro de que cualquiera realmente interesado puede aprender a tener fe como un niño aprende a caminar.

Una actitud, indispensable para la práctica del arte de amar, que hasta ahora solo hemos mencionado de modo implícito, debe examinarse explícitamente ahora, pues es fundamental: la *actividad*. He dicho antes que actividad no significa «hacer algo», sino una actividad interior, el uso productivo de los propios poderes. El amor es una actividad; si amo, estoy en un constante estado de preocupación activa por la persona amada, pero no solo por ella. Porque seré incapaz de relacionarme activamente con la persona amada si soy perezoso, si no estoy en un constante estado de conciencia, alerta y actividad. Dormir es la única situación apropiada para la inactividad; en el estado de vigilia no debe haber lugar para ella. La situación paradójica de multitud de individuos hoy en día es que están semidormidos durante el día, y semidespiertos cuando duermen o cuando quieren dormir. Estar plenamente despierto es la condición para no aburrirnos o aburrir a los demás —y sin duda no estar o no ser aburrido es una de las condiciones fundamentales para amar—. Ser activo en el pensamiento, en el sentimiento, con los ojos y los oídos, durante todo el día, evitar la pereza interior, sea que esta signifique mantenerse receptivo, acumular o meramente perder el tiempo, es condición indispensable para la práctica del arte de amar. Es una ilusión creer que se puede dividir la vida en forma tal que uno sea productivo en la esfera del amor e improductivo en las demás. La productividad no permite tal división del trabajo. La capacidad de amar exige un estado de intensidad, de estar despierto, de acrecentada vitalidad, que solo puede ser el resultado de una orientación productiva y activa en muchas otras esferas de la vida. Si no se es productivo en otros aspectos, tampoco se es productivo en el amor.

El examen del arte de amar no puede limitarse al dominio personal de la adquisición y el desarrollo de las características y aptitudes que hemos descrito en este capítulo. Está inseparablemente relacionado con el dominio social. Si amar significa tener una actitud de amor hacia todos, si el amor es un rasgo caracterológico, necesariamente debe existir no solo en las relaciones con la propia familia y los amigos, sino también para con los que están en contacto con nosotros a través del trabajo, los negocios, la profesión. No hay una «división del trabajo» entre el amor a los nuestros y el amor a los ajenos. Por el contrario, la condición para la existencia del primero es la existencia del segundo. Comprender esto seriamente sin duda implica un cambio bastante drástico con respecto a las relaciones sociales acostumbradas. Si bien se habla mucho del ideal religioso del amor al prójimo, nuestras relaciones están de hecho determinadas, en el mejor de los casos, por el principio de *equidad*. Equidad significa no engañar ni hacer trampas en el intercambio de artículos y servicios, o en el intercambio de sentimientos. «Te doy tanto como tú me das», así en los bienes materiales como en el amor, es la máxima ética predominante en la sociedad capitalista. Hasta podría decirse que el desarrollo de una ética de la equidad es la contribución ética particular de la sociedad capitalista.

Las razones de tal situación radican en la naturaleza misma de la sociedad capitalista. En las sociedades precapitalistas, el intercambio de mercaderías estaba determinado por la fuerza directa, por la tradición, o por lazos personales de amor o amistad. En el capitalismo, el factor que todo lo determina en el intercambio es el mercado. Se trate del mercado de productos, del laboral o del de servicios, cada persona trueca lo que tiene para vender por lo que quiere conseguir en las condiciones del mercado, sin recurrir a la fuerza o al fraude.

La ética de la equidad se presta a confusiones con la ética de la Regla Dorada. La máxima «haz a los demás lo que quisieras que te hicieran a ti» puede interpretarse como «sé equitativo en tu intercambio con los demás». Pero, en realidad, se formuló originalmente como una versión popular del «Ama a tu prójimo como a ti mismo» bíblico. Por cierto, la norma judeocristiana de amor fraternal es totalmente distinta de la ética de la equidad. Significa amar al prójimo, es decir, sentirse responsable por él y uno con él, mientras que la ética equitativa significa no sentirse responsable y unido, sino distante y separado; significa respetar los derechos del prójimo, pero no amarlo. No es un accidente que la Regla Dorada se haya convertido en la más popular de las máximas religiosas actuales; obedece ello a que es susceptible de interpretarse en términos de una ética equitativa que todos comprenden y están dispuestos a practicar. Pero la práctica del amor debe comenzar por reconocer la diferencia entre equidad y amor.

Aquí, sin embargo, surge un importante problema. Si toda nuestra organización social y económica está basada en el hecho de que cada uno trate de conseguir ventajas para sí mismo, si está regida por el principio del egotismo atemperado solo por el principio ético de equidad, ¿cómo es posible hacer negocios, actuar dentro de la estructura de la sociedad existente y, al mismo tiempo, practicar el amor? ¿No implica lo segundo renunciar a todas las preocupaciones seculares y compartir la vida de los más pobres? Los monjes cristianos y personas tales como Tolstoi, Albert Schweitzer y Simone Weil han planteado y resuelto ese problema en forma radical. Otros[4] comparten la opinión de que en nuestra so-

4. Véase el artículo de Herbert Marcuse, «The Social Implica-

ciedad existe una incompatibilidad básica entre el amor y la vida secular normal. Llegan a la conclusión de que hablar de amor en el presente solo significa participar en el fraude general; sostienen que solo un mártir o un loco puede amar en el mundo actual y, por lo tanto, que todo examen del amor no es otra cosa que una prédica. Este respetable punto de vista se presta fácilmente a una racionalización del cinismo. En realidad, es implícitamente compartido por la persona común que siente: «Me gustaría ser un buen cristiano, pero tendría que morirme de hambre si lo tomara en serio». Este radicalismo resulta un nihilismo moral. Tanto los «pensadores radicales» como la persona común son autómatas carentes de amor, y la única diferencia entre ellos consiste en que la segunda no tiene conciencia de serlo, mientras que los primeros conocen y reconocen la «necesidad histórica» de ese hecho.

Tengo la convicción de que la respuesta a la absoluta incompatibilidad del amor y la vida «normal» solo es correcta en un sentido abstracto. El *principio* sobre el que se basa la sociedad capitalista y el *principio* del amor son incompatibles. Pero la sociedad moderna en su aspecto concreto es un fenómeno complejo. El vendedor de un artículo inútil, por ejemplo, no puede operar económicamente sin mentir; un obrero especializado, un químico o un médico

---

tions of Psychoanalytic Revisionism», *Dissent*, Nueva York, verano de 1956.

pueden hacerlo. De manera similar, un granjero, un obrero, un maestro y muchos tipos de hombres de negocios pueden tratar de practicar el amor sin dejar de funcionar económicamente. Aun si aceptamos que el principio del capitalismo es incompatible con el principio del amor, debemos admitir que el «capitalismo» es, en sí mismo, una estructura compleja y continuamente cambiante, que incluso permite una buena medida de disconformidad y libertad personal.

Con esa afirmación, sin embargo, no deseo significar que podemos esperar que el sistema social actual continúe indefinidamente, y, al mismo tiempo, confiar en la realización del ideal de amor hacia nuestros hermanos. La gente capaz de amar, en el sistema actual, constituye por fuerza la excepción; el amor es inevitablemente un fenómeno marginal en la sociedad occidental contemporánea. No tanto porque las múltiples ocupaciones no permiten una actitud amorosa, como porque el espíritu de una sociedad dedicada a la producción y ávida de artículos es tal que solo el no conformista puede defenderse de ella con éxito. Los que se preocupan seriamente por el amor como única respuesta racional al problema de la existencia humana deben, entonces, llegar a la conclusión de que para que el amor se convierta en un fenómeno social y no en una excepción individualista y marginal, nuestra estructura social necesita cambios importantes y radicales. Dentro de los límites de este libro, solo podemos sugerir la dirección de tales

cambios.[5] Nuestra sociedad está regida por una burocracia administrativa, por políticos profesionales;
los individuos son motivados por sugestiones colec-
tivas; su finalidad es producir más y consumir más,
como objetivos en sí mismos. Todas las actividades
están subordinadas a metas económicas, los medios
se han convertido en fines; el hombre es un autóma-
ta —bien alimentado, bien vestido, pero sin interés
fundamental alguno en lo que constituye su cualidad
y función peculiarmente humana—. Si el hombre
quiere ser capaz de amar, debe colocarse en su lugar
supremo. La máquina económica debe servirlo, en
lugar de ser él quien esté a su servicio. Debe capaci-
tarse para compartir la experiencia, el trabajo, en vez
de compartir, en el mejor de los casos, sus beneficios.
La sociedad debe organizarse de tal forma que la naturaleza social y amorosa del hombre no esté separada de su existencia social, sino que se una a ella. Si es
verdad, como he tratado de demostrar, que el amor
es la única respuesta satisfactoria al problema de la
existencia humana, entonces toda sociedad que ex-
cluya, relativamente, el desarrollo del amor, a la larga perece a causa de su propia contradicción con las
necesidades básicas de la naturaleza del hombre. Hablar del amor no es «predicar», por la sencilla razón
de que significa hablar de la necesidad fundamental y

5. En mi libro *Psicoanálisis de la sociedad contemporánea*,
México, Fondo de Cultura Económica, 1956, procuré examinar
detalladamente ese problema.

real de todo ser humano. Que esa necesidad haya sido oscurecida no significa que no exista. Analizar la naturaleza del amor es descubrir su ausencia general en el presente y criticar las condiciones sociales responsables de esa ausencia. Tener fe en la posibilidad del amor como un fenómeno social y no solo excepcional e individual es tener una fe racional basada en la comprensión de la naturaleza misma del hombre.

EPÍLOGO BIOGRÁFICO:
EL AMOR EN LA VIDA
DE ERICH FROMM

Al publicar Erich Fromm *El arte de amar*, antes de cumplir los 50 años, se convirtió en el primer científico que consideraba digno de publicarse un libro sobre el tema del «amor» y de la «capacidad de amar». Del amor ya se había hablado en la religión (por ejemplo, en ese «supremo canto al amor» que es el *Cantar de los Cantares*), en la filosofía (el *Ars amandi* de Ovidio) y en la literatura (en las obras de los trovadores o en las novelas de la época romántica). En el campo de la psicología, fue Fromm quien, con *El arte de amar*, inició un debate que iba a desembocar en un sinfín de investigaciones y de asesores sobre el tema del amor.

Aunque no es raro que un libro desate un debate de amplias proporciones, solo en contadas ocasiones dichos libros sobreviven a su autor. *El arte de amar* de Fromm pertenece sin duda a estas contadas excepciones. Hoy, cumplidos ya los veinticinco años de la muerte de su autor, se ha traducido a treinta y cuatro lenguas y se han vendido millones y millones de ejemplares. Para muchas lectoras y lectores, sobre todo jóvenes, en la actualidad todavía sigue siendo un verdadero descubrimiento. Y hay quienes, después de muchos años, lo vuelven a sacar del librero para leerlo de nuevo.

La exitosa historia de *El arte de amar* no se puede explicar solo por el contenido de dicho libro. Su lectura también nos desvela numerosos elementos directamente relacionados con el autor y con su particular arte de amar. Muchas personas se preguntan cómo amó el propio Fromm y si también vivió en persona lo que enseña en su libro. Pues bien, de esto se hablará en el epílogo que nos ocupa.

En primer lugar, me gustaría decir algo sobre las impresiones que dejó en mí, y no solo en mí, sino también en muchos otros, el trato con el Fromm ya anciano. Personalmente, lo que más me impresionó fue su interés por quienes tenía a su lado, lo cual se veía en su mirada, a la vez afable y firme —por no decir incluso a veces casi demasiado intensa—. Pero lo que más me sorprendió fue cómo expresaba este interés por quienes tenía a su lado.

En la década de 1970, cuando fui asistente de Fromm en Locarno, donde vivió desde 1973 hasta su muerte, acaecida en 1980, solía hacerme preguntas muy fáciles y obvias que, sin embargo, llegaban hasta lo más íntimo de mi ser. Por ejemplo, me preguntaba qué libro estaba leyendo en aquel momento, o qué era lo que me había empujado a leer precisamente aquel libro, o qué era lo que más me gustaba de él y qué lo que menos. Si le contestaba que lo encontraba poco interesante, o incluso aburrido, quería saber por qué perdía el tiempo con algo intranscendente para mí. También le interesaba saber qué era realmente lo que me importaba, qué me llamaba más la atención y con qué prefería pasar el tiempo.

En realidad, Fromm solo hacía esas preguntas que su interlocutor no se hacía pero que debería haberse hecho. Yo no me las había hecho porque tal vez habrían arrojado una pobre imagen de mí mismo o incluso me habrían avergonzado. En aquellas circunstancias, habría sacado las conclusiones pertinentes y habría tenido que cambiar mi vida. También hay preguntas, por ejemplo, por qué determinada desgracia me ocurre precisamente a mí, para las que no hay ninguna respuesta pero que debemos aceptar y soportar como preguntas. Fromm hacía preguntas que yo evitaba, reprimía o simplemente no tomaba en serio.

El clima de entendimiento que se instauraba conversando con Fromm era, pues, fruto de esa sensación de proximidad que él creaba planteando, con una atención y un interés especiales, preguntas que su interlocutor no se hacía. Las preguntas podían ser lacerantes y escocer un poco, pero él pasaba por el tamiz cualquier afirmación defensiva o razonamiento poco fundado.

El hecho de que sus preguntas no fueran percibidas como ofensivas o destructivas revela uno de los rasgos característicos de su conversación. Frente a sus interrogantes, uno se podía sentir tal vez desnudo, pero nunca desnudado, condenado o angustiado. Su mirada y sus preguntas eran penetrantes, pero también dejaban traslucir cierta benevolencia. Se caracterizaban por ese deseo de «reconocimiento» sobre el que él precisamente decía en *El arte de amar*: «El respeto del otro no es posible sin un verdadero conocimiento de ese otro». Para semejante conocimiento solo estamos capacitados una vez que nos hemos hecho tales preguntas.

El interés que suscitaba Fromm con sus interrogantes era a la vez expresión y resultado de las preguntas que se hacía a sí mismo y a las que, tras dolorosas experiencias y fatigosos procesos de aprendizaje, él mismo había intentado dar respuesta. Él sabía bien de qué hablaba (y escribía) cuando hacía sus preguntas escudriñadoras, capaces de calar en lo más hondo. Solo un trato personal con las preguntas y la capacidad de cuestionarse muchas cosas posibilitan el «reconocimiento» del otro.

Cuando nos enfrentamos a determinadas preguntas y aptitudes en las que se advierte este deseo de «reconocimiento», nos sentimos a la vez provocados y concernidos, pero no juzgados ni avergonzados. Más bien, al contrario, las preguntas se pueden convertir en un cuestionamiento personal, y resultar, como sucede habitualmente, que no solo nos sintamos reconocidos, sino también comprendidos. Eso es lo que sienten muchos lectores de *El arte de amar*. Pero eso

es también lo que caracteriza tanto el estilo terapéutico como la capacidad de amar de su autor.

A Fromm no le cayó del cielo la capacidad de
amar: hasta bien entrada la madurez, también se le
puede aplicar lo que se escribe en este libro: «Con
respecto al amor, apenas hay empresa humana que
comience con tantas esperanzas y expectativas y aca-
be con tantos fracasos». Hay muchos motivos por
los que la capacidad de amar de uno es muy limitada
o incluso está condenada al fracaso. Para cada individuo, tiene una importancia especial la manera como
vivieron antes el amor del padre y la madre, pues ello
puede dar alas u obstaculizar el desarrollo de la propia capacidad de amar. Echemos, pues, una mirada al
amor materno y paterno de Fromm, el cual dejó una
mella indeleble en su infancia y juventud.

Erich Fromm nació en Fráncfort en el año 1900. Fue
hijo único. Su padre, Naphtali Fromm, tenía 30 años
cuando él vino al mundo. Era de profesión comerciante de vino de bayas y no teólogo judío, como
tantos antepasados suyos. De temperamento bastante nervioso y muy ligado a la familia, estaba acom-
plejado por la profesión que ejercía. Tenía todas las
esperanzas depositadas en que su hijo prosiguiera la
tradición del estudio del Talmud. Su amor hacia
Erich se concretaba en una mezcla de tierno afecto
(toda una serie de fotos muestran al niño de 12 y 13
años sentado en el regazo del padre), de angustiosa

solicitud (durante el invierno, Erich no podía salir prácticamente, pues habría podido constiparse) y de una idealización muy ambivalente. Cuando, con solo 22 años, el dotado Erich defendió su tesis doctoral en Sociología en la Universidad de Heidelbergo su padre estaba convencido de que no lo aprobarían y luego se quitaría la vida.

La madre de Fromm tenía 24 años cuando lo trajo al mundo. De una familia menos piadosa que la del padre, era considerada por sus allegados una mujer alegre y sociable que llevaba siempre la voz cantante. Vivió enteramente para su hijo. Hay dos fotos que dicen mucho del tipo de amor que le tributaba. En la primera, aparece con su hijo a orillas de un estanque en medio de un parque. Tiene la mano derecha puesta sobre el hombro del niño (de unos 10 años), al que aprieta fuertemente contra su seno; al mismo tiempo, la mano izquierda está apoyada sobre la cadera, en pose de victoria. Se puede ver en ello un amor materno atosigador y posesivo, poco dispuesto a facilitarle al hijo —al hijo único— cualquier conato de liberación.

En la otra foto se aprecia lo mucho que la madre admira al hijo. Erich, que debe de tener unos 17 años, es igual de alto que el padre. Al igual que este, sostiene un bastón de paseo y un sombrero, atributos del hombre burgués de la época. El padre está mirando la cámara, mientras el hijo tiene la mirada perdida en la lejanía. Pero entre los dos está la madre. Agarrando al hijo con la mano derecha, dirige la mirada —llena a la vez de expectativa y de admiración— hacia este. Como el propio Fromm nos dirá después, su madre quería que fuera un gran artista y hombre de ciencia, una especie de segundo Paderewski, el celebrado compositor, pianista y político polaco que llegó a primer ministro en 1919, si bien durante poco tiempo.

Una idealización tan excesiva crea una conciencia de sí muy fuerte y con aires de grandeza. Buena parte del aspecto altivo —muchos dicen que arrogante— de Fromm a los 30 y 40 años sería imputable a este amor narcisista de la madre. Pero nadie hereda por casualidad semejante autovaloración. Suele ir asociada a un entorno admirador; no es una apreciación autónoma e independiente de los demás. En realidad, Fromm tuvo que luchar durante mucho tiempo para liberarse de este amor materno posesivo e idealizador.

Si bien la capacidad de amar de un joven debe mucho en general a la experiencia amatoria de los padres, esta no es la única que determina el desarrollo de su capacidad de amar. El ansia de independencia y autonomía y la propia actividad amorosa marcan el desarrollo psíquico desde la cuna. Al madurar, esta ansia se expresa en la búsqueda de un compañero o compañera que haga posibles tales experiencias amorosas. Según lo inhibidor o perturbador del desarrollo personal que resulte ser el amor de la madre, esta búsqueda de experiencias amorosas nuevas y alternativas se traduce a su vez en unas relaciones en las que reaparece el patrón relacional de los padres.

Con frecuencia, es preciso pasar por toda una serie de experiencias de amor fallidas para no buscar inconscientemente en la pareja un eco del amor materno y paterno. Este tardío proceso de desvinculación del amor materno y paterno suele ir acompañado de dolorosas experiencias de renuncia y pérdida. En todos los desengaños y las penas que corren parejos con el abandono de los lazos parentales, al final suele ser determinante la perpetuación o no del deseo de poder amar por uno mismo. En efecto, como dice Fromm en otro lugar, «quien decide resolver un problema mediante el amor, ha de tener valor suficiente para superar los desengaños y permanecer paciente a pesar de los reveses».

Este deseo ininterrumpido de poder amar se puede percibir en la vida de Fromm, a pesar del fracaso de sus relaciones sentimentales, hasta pasada la mitad de su vida. El amor paterno cercenador de su capacidad de amar lo supera él con relativa facilidad. Siendo joven, buscó ya en el rabino Nehemia Nobel, de la sinagoga de Fráncfort en Börneplatz, otra figura paterna, aunque de corte religioso. Nobel constituía en cierta forma un modelo alternativo respecto al padre angustiado de Fromm. Congregaba a su alrededor a un pequeño círculo de jóvenes, entre los que se incluía también el amigo de juventud de Fromm, Ernst Simon. En realidad, Fromm pensaba llegar a ser un maestro del Talmud. Pero estudiar el Talmud en Polonia o en el Báltico habría supuesto un excesivo alejamiento respecto de sus padres, que vivían en Fráncfort, algo que él no estaba dispuesto a aceptar. Así pues, decidió estudiar Derecho en su ciudad natal, Fráncfort.

Dos semestres después, en el verano de 1919, se atrevió a dar un paso decisivo: se marchó de Fráncfort y se inscribió en la cercana Universidad de Heidelberg para estudiar Sociología con Alfred Weber. Aquí Fromm también buscó, al margen de sus estudios, a un maestro religioso, después de que el rabino Nobel muriera en 1921. En Salman Baruch Rabinkow encontró a un estudioso del Talmud influido no solo por el jasidismo jabad (rama intelectual del jasidismo), sino por las ideas del socialismo y el humanismo ilustrado. Rabinkow se había establecido en Heidelberg como profesor particular para los emigrados rusos. Durante casi cinco años, Fromm acudió numerosas veces a la semana a su estudio, donde trabajó como secretario. De nadie hablaría nunca con tanto reconocimiento y aprecio como de Rabinkow. Por paradójico que pueda parecer, fue este estudioso del Talmud quien posibilitó y guio su desvinculación respecto de la religión paterna.

Naturalmente, para liberarse de la impronta paterna aún necesitó otras personas y experiencias. Fue sobre todo el descubrimiento del psicoanálisis de Sigmund Freud lo que desencadenó en él una fuerte dinámica de libertad, que le permitió cometer en 1926 «su» gran pecado mortal: saltarse los mandamientos alimenticios del judaísmo y comer en la Pesach, la Pascua judía, carne de cerdo. Fromm asoció su rechazo del angustiado amor paterno al abandono de la religión paterna. Los escritos de Georg Grimm sobre el budismo lo ayudaron en su labor de abandonar la fe en un dios personal y orientarse más bien al budismo y a la crítica de las religiones.

Desechar las interiorizadas imágenes paralizadoras del amor paterno puede tener efectos muy fecundos en la creatividad y la capacidad de amar de una persona. En los años siguientes, Fromm se sintió ya lo suficientemente libre para desarrollar su propio planteamiento sociopsicológico y preguntarse por las dimensiones sociales inconscientes y hasta qué punto estamos determinados por las exigencias de lo económico y de la vida social. Así, a principios de la década de 1930 —mucho antes que Adorno— formuló la teoría del carácter autoritario y criticó la teoría de Freud del instinto como producto de un pensamiento biológico y patriarcal, a la que opuso su visión del hombre como ser relacional que, desde su nacimiento, ya es capaz de amar.

Sin estas nuevas formulaciones teóricas, realizadas entre 1928 y 1937, son impensables los temas y trabajos posteriores de Fromm: su visión de la libertad, del amor, de la agresión y de la destructividad, así como sus trabajos sobre la productividad psíquica y la salud anímica y, sobre todo, la descripción y el análisis de otras orientaciones del carácter de tipo sociológico.

Sus intentos por liberarse del cuasirreligioso amor materno le llevaron más tiempo y le resultaron más penosos en muchos aspectos. Después de que, en 1922, su novia lo dejara por su amigo de juventud Leo Löwenthal, en 1923 conoció a la psiquiatra Frieda Reichmann, once años mayor que él, y que se estaba formando como psicoanalista. Entre 1924 y 1928, Frieda y él dirigieron en Heidelberg un centro terapéutico. La idea era que todos los que residieran en el pequeño sanatorio, sito en la calle Mönchhof, nº 15, se liberaran de sus represiones sexuales sentados en el diván psicoanalítico de Frieda. A dicho fin tuvieron que someterse al psicoanálisis todos los residentes, incluido el propio Fromm. Él se enamoró de su psicoanalista, con la que finalmente contrajo matrimonio en 1926, resultado sin duda de un amor terapéutico transferido. Sin embargo, en 1928 el matrimonio había tocado ya a su fin, aunque Fromm no quisiera reconocerlo. Él no podía divorciarse aún, pero sí trató de distanciarse. A partir de 1928, se fue a Berlín para formarse él también como psicoanalista. En 1930 abrió allí su propio consultorio psicoterapéutico y empezó a trabajar en el Instituto de Estudios Sociales de Fráncfort.

En 1931 enfermó de tuberculosis y tuvo que retirarse al apartado sanatorio de Davos. Un amigo común de Frieda y él, el psicoterapeuta Georg Groddeck, de Baden-Baden, le aconsejó que se separara de ella, ya que en la enfermedad de la tuberculosis subyacía el deseo inconsciente de dicha separación. Aquí no entraremos a considerar si dicha valoración era certera o no, pero al menos pone de manifiesto que había quienes consideraban necesario el divorcio.

La enfermedad se había encargado ya de que Fromm se separara de hecho de Frieda. Y cuando en abril de 1934 ya estaba lo suficientemente curado para poder volver a viajar, en su patria los nacionalsocialistas estaban al mando. Para Erich Fromm, como miembro del Instituto de Estudios Sociales de Fráncfort, el regreso a Alemania habría supuesto un gran peligro, así que decidió emigrar a Estados Unidos. Una vez allí, su amistad con la psicoanalista Karen Horney, quince años mayor que él, se fue convirtiendo paulatinamente en una relación que, aunque nunca terminaría en matrimonio, fue mucho más allá del mero interés profesional compartido. Cuando Fromm se marchaba de viaje, Karen Horney siempre lo acompañaba. Los dos encarnaban una nueva visión del psicoanálisis. De todos modos, Karen Horney era una compañera muy celosa, y la relación nunca estuvo del todo exenta de rivalidad.

Su relación con ella llegó a su fin en 1941 tras una tempestuosa pelea, que también acabó con su previamente constituida sociedad psicoanalítica. Con su libro *El miedo a la libertad*,* Fromm no solo se convirtió en un científico reconocido en Estados Unidos, sino en un autor y conferenciante muy solicitado. Además de su consulta terapéutica en Nueva

* Barcelona, Paidós, 1947 (1ª ed.).

York y de su trabajo como profesor en la Universidad de Columbia y en la Escuela de Estudios Sociales, durante aquellos años enseñó también en la Universidad de Bennington, en Vermont.

Al poco de su ruptura con Karen Horney, Fromm conoció a Henny Gurland, de su misma edad, que, huyendo de los nazis, había viajado a Francia junto con Walter Benjamin y, en la frontera española, había visto cómo este se quitaba la vida. Fromm se casó con esta periodista gráfica profesional, nacida en Alemania, en 1944. Finalmente, creía haber encontrado a la mujer de su vida. Juntos se hicieron construir una casa en Bennington, Vermont, en 1947. Al poco de mudarse a la nueva casa, Henny contrajo una enfermedad misteriosa, que la obligó a guardar cama. Al principio se creyó que se trataba de una intoxicación por plomo, pero luego le diagnosticaron una enfermedad artrítica sumamente dolorosa. Él suspendió todos sus compromisos para poder ocuparse de ella y no dejarla sola.

Por amor a Henny se trasladó a México en 1950, con la esperanza de que el clima de este país aliviara sus dolores. Fromm inició en la Ciudad de México una nueva existencia. En 1951 empezó a formar en el psicoanálisis a un grupo de médicos y consiguió una cátedra en la Universidad. Sin embargo, la enfermedad de Henny frustró cualquier intento de dedicarse de lleno a sus labores de profesor y conferenciante. No podía llevarla consigo, pero tampoco quería dejarla sola. Hizo todo por ella, y orientó su vida en función de su persona, sin que con ello aliviara sus sufrimientos lo más mínimo. La situación acabó siendo insoportable. En julio de 1952 encontró a Henny muerta en el cuarto de baño.

Fromm había llegado al final de sus esfuerzos por encontrar el amor. Estaba convencido de que había fracasado y se sentía impotente y abandonado. Aunque los candidatos a psicoanalistas que acudían a su consulta no sabían lo que había ocurrido en realidad, comentaban que Fromm había experimentado un cambio radical. Fue para él una manera terriblemente dolorosa y difícil de diluir una imagen de sí orientada a un cuasirreligioso amor materno. La muerte de Henny lo obligó a aceptar su propia limitación, por no decir incluso su propio fracaso.

Unos meses después, Fromm se sintió de nuevo con ánimos para iniciar una nueva relación. Se trataba esta vez de una americana, Annis Freeman, de Alabama, que había enviudado de sus tres maridos. Con el último había vivido en la India, pero, tras su muerte, había vuelto a Estados Unidos. Era una mujer distinta a cualquiera que hubiera conocido hasta entonces. Era muy atractiva, sensible, sin ambiciones profesionales, lo que no impedía que fuera una excelente conversadora. Fromm se enamoró de ella y se casaron en diciembre de 1953. Annis se fue a vivir con él a México. Según los planes que ella tenía, se construyeron una casa en Cuernavaca, en la que residieron entre

1956 y 1973. Annis, que lo acompañaba en sus prolongadas visitas a Estados Unidos, apoyó su implica-
ción en la política estadounidense, principalmente en
su lucha por el desarme y la paz.

El libro *El arte de amar*, publicado en 1956, lo
escribió a finales de 1955 y principios de 1956, tras
haber terminado su otro libro *Psicoanálisis de la
sociedad contemporánea. Hacia una sociedad sana*.
Aunque muchos pensamientos que Fromm expone
en *El arte de amar* también se pueden encontrar en
otras publicaciones más tempranas, es esta obra, sin
embargo, la que causa mayor impresión en muchas
personas. Con su desmayado adiós a Henny y su
gran amor por Annis, Fromm encontró una capacidad para amar liberado de las ataduras de la infancia.
Solo ahora su práctica de la capacidad de amar se
avino en la realidad con su teoría del amor. Solo
ahora se pudo aplicar también para él mismo esto
que aparece escrito en el libro: «que haya armonía o
conflicto, alegría o tristeza, es secundario con respecto al hecho fundamental de que dos seres se experimentan desde la esencia de su existencia, de que
son el uno con el otro al ser uno consigo mismo y no
al huir de sí mismos».

Aunque Fromm describe su teoría del amor de
manera detallada en *El arte de amar*, la siguió desarrollando durante los veintisiete años de su relación
amorosa con Annis. Desde que, en la década de 1930,
se liberara de la teoría del instinto de Freud, sostuvo
que el problema más importante del hombre no radi-

caba en la satisfacción de sus necesidades instintivas sino en su relación con la realidad.

Desde una perspectiva psicológica, es decisivo para el éxito del ser humano saber de qué manera se puede relacionar con otro ser humano, consigo mismo y con la realidad que lo rodea. Mucho antes de que los estudios sobre el cerebro y los mamíferos demostraran que, desde el nacimiento, el hombre ya es capaz de relacionarse de manera activa con su entorno, Fromm habló (en contraposición al narcisismo original de la teoría freudiana) de una tendencia primaria tan acusada en el hombre a formar ese estar activamente relacionados, que acaba desembocando en una mayor independencia interna respecto de fuerzas no-propias y ajenas-al-yo (personas, espacios de relación e imágenes ajenas). Fromm calificó ese estar relacionados como «productivo» (del latín *producere*) por cuanto viene «presentado» a partir de una actividad propia del hombre. Cuando esta tendencia primaria desemboca en una orientación productiva en la vida de un hombre, este es capaz de pensar, amar, sentir, fantasear y actuar de manera autónoma y propia.

La tendencia primaria a un amor productivo puede fomentarse considerablemente mediante el amor productivo de las primeras personas de referencia, pero también puede malograrse mediante formas de amor egoístas, ansiosas, absorbentes, posesivas, depreciativas y dependientes por parte de las figuras de los padres, e incluso convertirse en su contrario. Así-

mismo, en la manera como aman las primeras personas de referencia, Fromm ve también la presencia de
patrones relacionales sociales. Para él, los padres son
al mismo tiempo representantes y mediadores de lo
que una sociedad concreta necesita para su funcionamiento.

Hasta qué punto se puede ver frustrada la propia
capacidad de amar es algo que Fromm pudo experimentar en carne propia de manera bastante dolorosa.
Pero el daño nunca fue tan profundo para que esa
tendencia primaria al amor se convirtiera en su contrario; es decir, en la tendencia a convertir la capacidad de relacionarse en algo básicamente destructivo.
Ni siquiera el hecho de que muchos de sus parientes
perdieran la vida en los campos de concentración de
Hitler lo hizo dudar en cuanto a la tendencia primaria al amor productivo. Sostuvo que la «destructividad» y el deseo de aniquilar son tendencias secunda-
rias que solo se desarrollan cuando se ve frustrada la
tendencia a un amor productivo y a lo razonable.

Tras la aparición de *El arte de amar*, la teoría del
amor de Fromm se vio cuestionada por dos aconteci-
mientos. Su mujer, Annis, enfermó de cáncer de pecho en la década de 1950. La operaron y tuvo que seguir una dieta. Pese a que el cáncer estaría veinte años
sin volver a manifestarse, Fromm lo percibía como
una enfermedad que lo perseguía cual dinámica ene-
miga de la vida. Luchó contra él al lado de Annis y
también siguió la misma dieta draconiana que le im-
pusieron a ella (lo que, dicho sea de paso, resultó ser

bastante beneficioso para su aspecto exterior y su salud).

El segundo gran reto lo representó la agudización de la Guerra Fría. Aun cuando la lectura de *El arte de amar* no permita tal vez suponerlo, desde su juventud Fromm había sido una persona políticamente muy concienciada y activa. Todo lo que se producía en el terreno de la política y la sociedad le afectaba de una manera sumamente existencial. Y como terapeuta que sabía escuchar, se sintió arrastrado a la política en su calidad de psicoanalista, trabajando básicamente en suelo estadounidense: escribió análisis sobre cuestiones relacionadas con la política exterior, la Guerra Fría con la Unión Soviética y la carrera atómica; entabló contactos con senadores, se vio involucrado personalmente en la elección del candidato presidencial, se manifestó contra la guerra de Vietnam y se convirtió en portavoz de la política de distensión.

Pero fue sobre todo la carrera armamentística la que hizo que su fe en la capacidad de amor primaria del hombre se tambaleara. La guerra atómica se convirtió a principios de la década de 1960 —con motivo de la crisis de Cuba— en una amenaza real. Hasta qué punto ese peligro le quitó el sueño a Fromm, lo vemos en esta carta escrita a Clara Urquhart el 29 de septiembre de 1962: «La otra noche escribí una especie de llamamiento centrado en el amor a la vida. Era fruto de una sensación de desesperación ante la perspectiva de que tal vez no quede ya ninguna posibilidad para evitar la guerra atómica. De repente tuve la intuición de que la gente se muestra tan pasiva frente al peligro bélico porque simplemente la mayoría no ama la vida. Me vino a la mente el pensamiento de que podía surtir mayor efecto apelar a su amor a la vida que a su amor a la paz o a su miedo a una guerra».

Fromm se sentía desesperanzado porque la mayoría no se defendía a sí misma contra el peligro de la guerra atómica. Interpretaba esa pasividad como el agotamiento del amor a la vida y como la aceptación inconsciente de una dinámica destructiva, aniquiladora de la vida, como se puede observar también en muchos suicidas. Pero ¿qué ocurriría si cada vez hay más humanos que ya no aman la vida y si parece completamente agostada la tendencia primaria a la capacidad de amar? El judío alemán Fromm sabía de sobra que era más que posible semejante eventualidad. Él había escapado a la maquinaria de exterminio nacionalsocialista. Pero, ante una guerra atómica entre las superpotencias, no había posibilidad alguna de escapar. La contaminación resultante destruiría, como un cáncer metastásico, el espacio vital de todo ser humano.

Él tenía que reaccionar, y lo hizo de diferentes maneras. Su primera reacción contra la pérdida colectiva de la capacidad de amar fue hacerse oír mediante cartas al director, panfletos políticos, artículos y conferencias, y entrevistándose con senadores amigos para hacerles ver el peligro que entrañaba la pérdida colectiva del amor a la vida y la propagación de un deseo de destrucción general. Asimismo, arremetió contra los políticos y científicos que creían poder justificar el riesgo de una guerra atómica que tendría como resultado la muerte de 20 millones de americanos.

Pero si era importante investigar psicológicamente la capacidad de amar del hombre, mucho más importante le pareció a Fromm descubrir la dinámica psíquica de una destructividad cuyo único objetivo reconocible era la destrucción global. Así, a principios de la década de 1960 se puso a estudiar la atracción por lo destructivo y diferenció varias formas de agresividad y destructividad, la más amenazadora de las cuales era la «necrofilia», es decir, la atracción por lo inerte, lo muerto (*nekros* significa «cadáver» en griego) y lo destructivo, ya que es en esta forma de destructividad donde encuentra lo destructivo su meta suprema. A lo largo de más de diez años, el autor de *El arte de amar* estuvo angustiado ante la posibilidad de que se abortara la capacidad de amar y de que esta se pervirtiera en un deseo igualmente fuerte de destructividad. Sobre esa necrofilia habló por primera vez en 1964, en su libro *El corazón del hombre*, y los resultados de sus investigaciones los puso por escrito en 1973 en su libro *Anatomía de la destructividad humana*.

Finalmente, como ya dijera en la carta antes citada a Clara Urquhart, Fromm trató de fundar la capacidad de amar del hombre en su capacidad específica para la «biofilia» (el amor a la vida) y en su atracción por lo vivo. Tras preguntarse por la dinámica propia de todo ser vivo, reconocía que, más allá de la búsqueda de la supervivencia, este posee «una [específica] tendencia a la integración y a la unión». «La unificación y el crecimiento son característicos de todos los procesos vitales, lo cual es aplicable no solo a las células, sino también al sentir y el pensar».

En su artículo «Do We Still Love Life?» [¿Aún seguimos amando la vida?], publicado en 1967 en la revista americana *McCalls*, escribió lo siguiente: «Si la vida es, por esencia, un proceso de crecimiento y un proceso de integración y no puede ser amada con medios de control o de fuerza, entonces el amor a la vida es el núcleo de todo tipo de amor. El amor es el amor a la vida en un ser humano, en un animal, en una planta. Lejos de ser algo abstracto, el amor a la vida es el núcleo, un núcleo muy concreto y real, de todo tipo de amor. Quien crea que ama a los seres humanos sin amar la vida, puede desear apegarse a otra persona, pero no amarla de verdad.

»Cuando alguien dice de otra persona que "ama realmente la vida", la mayoría de la gente entiende lo que se quiere decir con ello. Nos imaginamos entonces a una persona que ama todo lo que crece y está vivo, que se siente atraída por el crecimiento infantil, por la maduración, por una idea que va tomando forma, por una organización que no deja de crecer. Para semejante persona, incluso lo que no está vivo, como una piedra o el agua, se convierte en algo vivo. Y lo que está vivo la atrae, no porque sea algo grande y poderoso sino por estar vivo».

Esta nueva fundamentación de la capacidad humana de amar también lo llevó a un deslindamiento nuevo de otras teorías del amor, en su mayor parte de orientación biológica. El mundo vivo sirve, fundamentalmente, solo de «medio para la satisfacción de las necesidades fisiológicas». Pero el ser humano tiene ante todo la necesidad de «expresar sus capacidades frente al mundo». Así, el amor a lo vivo se manifiesta en los humanos por cuanto «persiguen un objeto con el que entran en relación y con el que pueden unirse». Esta es la fundamentación de una afirmación que ya había hecho en *El arte de amar*. «El amor inmaduro dice: "Te amo porque te necesito", mientras que el amor maduro dice: "Te necesito porque te amo"».

Para ilustrar esto, Fromm tomó una expresión de Karl Marx para hacer la siguiente formulación: «Como tengo ojos, tengo capacidad de ver; como tengo oídos, tengo capacidad de oír; como tengo cerebro, tengo capacidad de pensar, y como tengo corazón, tengo la capacidad de sentir. En una palabra: como soy hombre, necesito al hombre y el mundo».

La capacidad humana de amar se funda en la biofilia, en la atracción por lo vivo. Esta intuición se verificó en la práctica del amor del propio Fromm. La pregunta decisiva es ahora si los hombres pueden conseguir sentir esta capacidad primaria de amar y darle debida expresión, y cómo hacerlo. Una manera decisiva de acceder a nuestra capacidad de amar sepultada y reprimida es descubrir nuestros propios obstáculos internos.

La pregunta por el conocimiento y análisis de uno mismo, por el acceso a los deseos e imágenes inconscientes, tal y como se detectan en los sueños pero también en los rasgos de carácter y en otros síntomas, desempeña ahora en la conformación de la vida cotidiana de Fromm un papel cada vez mayor. Todos los días se tomaba hasta una hora para analizar y meditar sobre sus sueños y hacer diversos ejercicios físicos y de concentración. La mediación del budismo zen de Suzuki fue para él una gran ayuda en este sentido, así como los ejercicios de atención (*mindfulness*), que le enseñó, en la última década de su vida, Nyanaponika Mahathera, un monje budista de Sri Lanka. Las tradiciones místicas del jasidismo, del sufismo y del Maestro Eckhart le dieron importantes impulsos en su camino hacia dentro.

Sin embargo, ese camino hacia dentro practicado por Fromm no se proponía la interioridad y el alejamiento del mundo, sino un nuevo trato con la realidad, con el otro y con uno mismo, un trato distinto, más creativo, más razonable y más amoroso. Precisamente porque ese trato siempre está influido por experiencias relacionales distorsionadas, necesita el camino hacia dentro para poder estar relacionado con los demás desde el amor. Con el camino hacia dentro no solo deben superarse los obstáculos aparecidos en la relación con los padres. Fromm se interesa sobre todo por las experiencias relacionales exigidas y recomendadas a diario por la sociedad.

Toda sociedad y agrupación social intenta expresar el amor de la manera que mejor se adapta a su

preservación. Así, una sociedad autoritaria ve el amor
como agradecimiento y amor a la autoridad, pues
solo así puede funcionar de manera óptima un sistema social basado en el dominio y la sumisión. Una
economía de mercado fundada en la competencia y el
éxito tiene una visión del amor completamente distinta. La capacidad de amar depende aquí de si cada cual
saca o no lo mejor de sí mismo, de si puede prosperar
en medio de la competencia y de si es capaz de practicar la sociabilidad, la tolerancia y el juego limpio.
Cada cual debe ser cabal, es decir, capaz de alcanzar
los objetivos propuestos.

Lo que en una sociedad determinada es visto
como digno de amarse es para Fromm algo distinto a
la libre exteriorización de la necesidad de amor. Para
quien ama autoritariamente, se trata de dominio y
autocontrol. El orientado al marketing quiere ser bien
recibido, dar buena impresión, tener éxito y amar de
esta manera. Pero, en realidad, no tiene ninguna necesidad interior de amar, sino otra necesidad, que le
impide sentir esa necesidad de amar y de darle rienda
suelta. Reconocer estas necesidades tan perentorias
exige una distancia crítica respecto de todo lo que se
da por supuesto y se vive en el plano social. Pero si la
crítica social no quiere sucumbir al peligro de volver-
se ideológica, deberá emprender un camino hacia
dentro y tomarse en serio la búsqueda del amor a la
vida.

El descubrimiento por parte de Fromm de los
obstáculos internos a su capacidad de amar le ayudó

a practicar mejor su capacidad de amar como una necesidad sensorial. Quienes lo conocieron en las últimas décadas de su vida pudieron observar de cerca que vivió la capacidad de amar como una necesidad de relacionarse amorosamente con otras personas. Poder prestar expresión a ese amor se convirtió para él en una necesidad irrenunciable, que satisfizo siempre que le fue posible.

En la década de 1970, en que tuve ocasión de ser su asistente en Locarno, fui una y otra vez testigo de su inusual capacidad de amor: se podía ver cómo trababa conversación con cuantos tenía a su lado. De eso ya se ha hablado antes. Pero, sobre todo, se podía ver en su amor a Annis, por ejemplo, cuando la besaba en el elevador, cuando se despedía de ella, cuando hablaba con ella, cuando la miraba y la tocaba. Lo mismo que se puede ver también cada vez que se lee su libro *El arte de amar*.

RAINER FUNK

CRONOLOGÍA DE LA VIDA
DE ERICH FROMM

1900. 23 de marzo: nacimiento de Erich Pinchas Fromm en Fráncfort del Meno. Hijo único del comerciante de vinos, judío ortodoxo, Naphtali Fromm y su mujer, Rosa, nacida Krause.

1918. Bachillerato alemán en la escuela Wöler en Fráncfort y a continuación dos semestres de Derecho en la Universidad de Fráncfort. Amistad con el rabino Nehemia Nobel.

1919. Cofundador de la «Freies Jüdisches Lehrhaus» en Fráncfort del Meno. A partir del semestre de verano, estudios en Heidelberg.

1920. Cambio de los estudios de Derecho por el estudio de Economía Nacional (sociología) con Alfred Weber en Heidelberg. Hasta 1925, clases sobre el Talmud con el rabino Rabinkow.

1922. Promoción a doctor en Filosofía con Alfred Weber sobre «Das jüdische Gesetz» (La ley judía).

1924. Junto con Frieda Reichmann, apertura del «Therapeutikum» en la calle Mönchhof en Heidelberg. Psicoanálisis con Frieda Reichmann, después con Wilhelm Wittenberg en Múnich.

1926. 16 de junio: boda con Frieda Reichmann. Abandono de la práctica del judaísmo ortodoxo. Contactos con Georg Groddeck en Baden-Baden.

1927. Primeras publicaciones como seguidor de la ortodoxia freudiana.

1928. Análisis didáctico con Hanns Sachs en Berlín y formación psicoanalítica en el Instituto Karl Abraham en Berlín.

1929. Cofundador del Instituto de Psicoanálisis de Alemania del Sur en Fráncfort, junto con Karl Landauer, Frieda Fromm-Reichmann y Heinrich Meng.

1930. Miembro del Instituto de Investigación Social en Fráncfort, responsable de todas las cuestiones del psicoanálisis y de la psicología social, conclusión de la formación en Berlín y apertura de su propio consultorio en Berlín.

1931. En verano, afección de tuberculosis pulmonar. Separación de Frieda Fromm-Reichmann. Con interrupciones, estancia en Davos hasta abril de 1934.

1932. Publicación del artículo «Método y función de una psicología social analítica» (publicado en *La crisis del psicoanálisis*, Barcelona, Paidós, 1971, 1ª ed.) en el primer número de la *Zeitschrift für Sozialforschung* (Revista de Investigación Social).

1933. A petición de Karen Horney, conferencias como invitado en Chicago. Trabajos sobre la teoría del derecho materno. Muerte del padre. Amistad con Karen Horney (hasta 1943).

1934. 25 de mayo: emigración a Estados Unidos y llegada a Nueva York el 31 de mayo de 1934. Vuelta al trabajo en el Instituto de Investigación Social hasta 1939, siempre interrumpido por múltiples problemas de salud. Valoración de su estudio sociopsicológico de trabajadores y empleados realizado en 1930.

1935. Publicación del artículo «Die gesellschaftliche Bedingtheit der psychoanalytischen Therapie». Colaboración con Harry Stack Sullivan y Clara Thompson. Llegada de Frieda Fromm-Reichmann a Chestnut Lodge, Washington D.C.

1936. Publicación de su teoría del «carácter autoritario» en los *Studien über Autorität und Familie* de Horkheimer.

1937. Nueva redacción de su teoría psicoanalítica: psicoanálisis como sociopsicología analítica (teoría de la relación en lugar de teoría de la pulsión). Rechazo de su revisión de la teoría de las pulsiones de Freud por parte de Horkheimer, Löwenthal, Marcuse y Adorno.

1938. Durante una estancia en Europa, nuevo brote de tuberculosis; estancia de medio año en Schatzalp, Davos.

1939. Separación del Instituto de Investigación Social. Primeras publicaciones en inglés.

1940. 25 de mayo: ciudadanía norteamericana.

1941. Publicación de *El miedo a la libertad* (Barcelona, Paidós, 1947, 1ª ed.) e inicio de la actividad docente en la New School for Social Research.

1942. Asunción de una cátedra a tiempo parcial en el Bennington College en Bennington (Vermont).

1943. Separación de Horney y fundación del Instituto William Alanson White de Nueva York.

1944. 24 de julio: matrimonio con Henny Gurland.

1947. Aparición de *El hombre para sí mismo*, donde publica su planteamiento de la orientación hacia el marketing.

1948. Terry Lecturer en la Universidad de Yale sobre «Psicoanálisis y religión» (publicado en 1950). Enfermedad de Henny Gurland Fromm.

1950. 6 de junio: traslado a la Ciudad de México.

1951. «Professor Extraordinarius» en la Facultad de Medicina de la Universidad Nacional Autónoma de México. Inicio de un primer curso con candidatos para la formación en psicoanálisis (hasta 1956).

1952. 4 de junio: muerte de Henny Gurland Fromm.

1953. 18 de diciembre: matrimonio con Annis Freeman, nacida Glover.

1955. Aparición de *Hacia una sociedad sana*, con un alegato a favor del socialismo comunitario.

1956. Aparición del *bestseller* mundial *El arte de amar* (Barcelona, Paidós, 1959, 1ª ed.). Fundación de una sociedad psicoanalítica mexicana. Traslado desde la Ciudad de México a Cuernavaca.

1957. Seminario con Daisetz T. Suzuki. Muerte de Frieda Fromm-Reichmann. Primeros preparativos para un estudio sociopsicológico de campo sobre campesinos mexicanos.

1959. Muerte de la madre, que vivía en Nueva York desde 1941. Publicación del libro *La misión de Sigmund Freud*.

1960. Intensificación del compromiso político a favor del Partido Socialista de Estados Unidos. Intensificación de su actividad como conferenciante en Estados Unidos.

1961. Publicación del libro *Marx y su concepto del hombre*, así como de su libro sobre la política exterior americana.

1962. Conferencia de paz en Moscú. Fundación del IFPS (asociación central de las sociedades psicoanalistas no ortodoxas); publicación de *Más allá de las cadenas de la ilusión*.

1963. Apertura del Instituto Psicoanalítico Mexicano.

1964. Publicación de su teoría sobre la biofilia y la necrofilia, así como sobre la aplicación del narcisismo en magnitudes sociales en *El corazón del hombre*.

1965. Declaración de emérito en la Ciudad de México. Mayor compromiso con la política pacifista y contra la guerra de Vietnam. Punto álgido de su notoriedad en Estados Unidos.

1966. Aparición de *Y seréis como dioses* (Barcelona, Paidós, 1960, 1ª ed.). Después del infarto de miocardio, a principios de diciembre, retirada de los compromisos en México y prolongadas estancias en Europa.

1968. Ayuda en la campaña electoral de Eugene McCarthy y publicación de *La revolución de la esperanza*. Después de la victoria de Nixon, abandono de las actividades políticas. Inicio de los trabajos sobre la teoría de la agresión.

1969. Alquiler de una vivienda en Locarno para estancias veraniegas en el Ticino.

1970. Publicación del estudio de campo sobre los campesinos mexicanos.

1973. Publicación de *Anatomía de la destructividad humana*.

1974. Decisión de dejar la casa de Cuernavaca y vivir todo el año en el Ticino.

1975. Trabajo en «Tener o ser en Marx y Eckhart». Operación de cálculos biliares en Nueva York.

1976. Publicación de *Del tener al ser* (Barcelona, Paidós).

1977. Segundo infarto de miocardio. Fromm se convierte en en la figura guía del movimiento alternativo en Alemania e Italia.

1978. Tercer infarto y mengua de la capacidad de creación.

1980. 18 de marzo: muerte a causa del cuarto infarto. Incineración en Bellinzona.